体育教学工作的科学组织与管理

李红霞/著

中国水利水电出版社
www.waterpub.com.cn
·北京·

内 容 提 要

本书以体育教学组织与管理为研究对象，在阐述体育教学基本理论知识的基础上，结合我国体育教学背景、问题对我国体育教学发展进行了分析与展望。全书系统地对体育教学组织与管理的基本理论、教学内容与方法编排创新、体育教学设计与计划制定、体育教学评价管理、体育教学资源管理以及体育教学活动管理进行了全面地分析与研究，指出了体育教学组织与管理的重点，并为体育教学组织与管理提出了具体的措施与对策。本书理论分析系统严谨、管理指导操作性和实效性强，是一本关于体育教学组织与管理工作的科学专著。

图书在版编目（CIP）数据

体育教学工作的科学组织与管理 / 李红霞著. -- 北京 : 中国水利水电出版社, 2016.9（2022.9重印）
ISBN 978-7-5170-4601-1

Ⅰ. ①体… Ⅱ. ①李… Ⅲ. ①体育教学－教学工作－教学组织②体育教学－教学工作－教学管理 Ⅳ. ①G807.01

中国版本图书馆CIP数据核字(2016)第188385号

责任编辑:杨庆川 陈 洁　　封面设计:马静静

书 名	体育教学工作的科学组织与管理 TIYU JIAOXUE GONGZUO DE KEXUE ZUZHI YU GUANLI
作 者	李红霞 著
出版发行	中国水利水电出版社 (北京市海淀区玉渊潭南路1号D座 100038) 网址:www.waterpub.com.cn E-mail:mchannel@263.net(万水) sales@mwr.gov.cn 电话:(010)68545888(营销中心)、82562819(万水)
经 售	全国各地新华书店和相关出版物销售网点
排 版	北京鑫海胜蓝数码科技有限公司
印 刷	天津光之彩印刷有限公司
规 格	170mm×240mm 16开本 16.5印张 214千字
版 次	2016年9月第1版 2022年9月第2次印刷
印 数	2001-3001册
定 价	52.00元

前　言

体育教学是有目的、有组织的教育过程，随着社会发展对人才要求的不断提高以及当前我国对体育教学改革的重视，如何更加科学与合理地组织体育教学与完善体育教学管理，以进一步提高体育教学质量、获得体育教学效果、促进学生全面发展是当前我国体育教学研究的重要课题。

当前，随着我国体育教学在教育领域中的地位不断提高，一些新的教育理念和教育思想日益被运用到体育教学中去，但是整体来看，我国体育教学组织与管理还不完善，在完善体育教学过程、调动师生教与学的积极性、科学配置体育教学资源方面还存在一些不足，制约了体育教学的可持续发展。基于此，特撰写《体育教学工作的科学组织与管理》，旨在为进一步促进体育教学改革深化、培养出更多更优秀的全面发展型人才提供科学指导。

本书共八章，对我国体育教学组织与管理进行了系统研究。第一章为体育教学基本知识概述，简要阐述了体育教学的概念与性质、结构与功能、特点与原则，有助于对体育教学有一个全面、系统的认识；第二章为学校体育教学工作开展的概况分析，在详细分析学校体育教学发展的背景的基础上，对当前学校体育教学工作中存在的问题、学校体育教学的发展前景进行了深入研究；第三章为体育教学工作组织与管理的基本理论，以体育教学组织与管理的基本知识为切入点，对体育教学组织与管理的矛盾、方法、决策及计划进行了详细分析；第四章从概念、分类、编排、选用、创新等方面对我国体育教学内容与方法进行了重点研究；第

五章为体育教学设计与计划的科学制定与应用，分别就体育教学设计的概念、过程、内容、评价及教学计划的制定与相关案例进行了科学研究；第六章为体育教学评价活动的有效组织与开展，对体育教师的教学、学生的体育学习两个方面进行了重点研究，同时结合体育教学评价相关案例分析指出了我国当前开展体育教学评价活动的注意事项；第七章从物力资源、财力资源、人力资源三个方面对体育教学资源进行了科学管理研究；第八章为体育教学活动的科学组织与管理，分别就体育课堂教学活动、课外体育活动、课余体育训练与竞赛管理进行了全面而详细地分析与研究。整本书内容丰富全面、结构完整、逻辑清晰，语言精简，方便读者全面深入地学习。本书在撰写过程中参考了体育教学组织和管理方面的最新发展动态和科学研究成果，结合我国体育教学发展现状及存在的问题，在深入分析体育教学发展前景的基础上，对我国体育教学工作组织与管理的具体内容进行了深入分析，体现了科学性、系统性与时代性。

在撰写过程中，本书参考了一些学者的相关资料，在此由衷地表示感谢，由于撰写水平和时间有限，书中错漏和不足之处恳请专家和读者批评指正。

作者

2016 年 5 月

目　录

第一章
体育教学基本知识概述

体育教学是学校体育的核心组成部分，对学校体育的发展起着至关重要的作用。学生学习体育理论知识，掌握体育实践技能都是通过体育教学活动来实现的。了解体育教学的基本知识是进行体育教学研究，开展体育教学活动，实行体育教学改革与创新的基础与前提。本章主要从体育教学的概念与性质、结构与功能以及特点与原则等方面来阐述体育教学的基本知识，以期对体育教学有一个基本的了解与初步的认识。

第一节　体育教学的概念与性质

一、体育教学的概念

体育教学是一种学科教学的具体形式，对体育教学的概念进行界定，首先要了解什么是教学，下面就教学与体育教学的概念界定及含义进行简要阐述。

（一）教学的概念

“教学”是一种动态行为，是教学工作者对具体的学科或技能组合进行的一种有组织、有计划的教学行为。下面从宏观和微观两个角度来分别对教学的概念进行界定。

1. 教学的宏观概念

从宏观角度来讲，教学是一种特殊的教育活动，它是指教学者以一种或多种文化为对象对受教者进行教育，从而使受教者获得这种文化的活动。其中的教学者是掌握某种知识或技能的人，他与接受教育的人共同构成教学活动的主体。

2. 教学的微观概念

从微观层面上分析，教学是一种直观的教师进行教授和学生进行学习的活动，在这个活动中，教师是教学的引导者，是教学活动的组织者和知识传授者；学生是教学的“受众”和主体，简而言之，教学是一种以特定文化为对象的“教”与“学”的活动。

总的来说，教学是一种教育活动，这种活动需要教师和学生的共同参与，并为了实现某一具体的教学目标而相互协作。

（二）体育教学概念的界定与解析

体育教学是按一定计划和课程标准进行的有目的和有组织的教育过程。我们可以从以下三个方面来解析体育教学的概念。

1. 体育教学是一门学科

体育教学由体育教学目标、教学内容、教学方法、教学评价等多种要素共同组成。体育教学是一种特殊的教学课程，它以发展学生体能、增进学生身心健康为主要目标，它与德智美劳相配合来促进学生身心的全面发展。体育教学最重要的教学组织形式是课程教学。具体来说，体育课程教学指的是特殊的课程教学，它的开展主要是为了实现教学目标，促进学生德智体美劳的全面发展，同时促进学生体能与身心的健康发展。体育课程教学注重学生对体育运动的知识与技能的学习与掌握，但对学生的体育实践活动、情感发展以及适应社会的能力的关注还不够。

2. 体育教学是一项体育活动

体育教学主要是有目的、有计划、有组织的相关体育活动的组合。有关研究学者也提出了相似的看法:"现代体育教学是为了使学生能在身体、运动认识、运动技能、情感和社会方面和谐发展的有计划、有组织的活动。"通过体育教学,学生不仅要对理论知识加以了解与熟记,还要在参与实践运动的基础上,对一定的运动技能进行掌握,达到相应的技能标准与要求。

3. 体育教学是教育的一部分

体育教学是在教师的指导下,从生物科学、教育学、心理学、社会学、哲学等学科中获得知识,在体育与健康方面有计划、有目的、有组织地以身体锻炼为载体的活动,它与德、智、美、劳的教育课程相配合,共同促进学生身心全面发展。现代体育教学中,除了运动能力方面的教育还有些许欠缺,在体育运动与体育活动、训练方面的教育都较为成熟,能够提高学生身心发展的基础修养。作为教育的一部分,体育教学的部分内容与方法也是素质教育内容和方法的体现。

二、体育教学的性质

事物本身与其他事物之间最根本的区别主要由性质来决定,性质不同的两种事物其带来的表象自然有一定的差异。体育教学和其他学科教学之间最根本的区别就在于它本身所具有的体育教学性质。这种体育性质使其表现出如下几方面的特点。

(1)体育教学活动多在户外开展,但体育课堂教学在室内场馆开展的情况也较为常见。

(2)体育教学过程中,师生都要承受一定的运动负荷与心理负荷。

(3)教学过程是身体活动与思维活动的结合,并且还有比较频繁的人际交往。

(4)体育教学侧重于发展学生身体时空感觉以及运动智力。

(5)体育教学更加重视学生的自我操作与体验等实践能力。

体育教学活动中,最重要的教学形式就是体育运动技能的教学,它是体育育人的一个主要方式。对运动技能的传授同时也是体育教学与其他学科教学之间的一个重要区别。在体育教学中,学生全面掌握体育运动技能,需要经过几个教学阶段(认知阶段、联系阶段与完善阶段)才能实现,具体来说,在体育运动技能的认知阶段中,学生与体育运动技能之间的联系最为密切,该阶段教学的主要目的就是学生对所学技能的结构、要素、关系、力量、速度等要素进行表象化的认识,从这一角度来看,体育运动技能教学仅仅是学生提高身体素质、完成技术动作的一种方法。因此可以认为,运动技术不具有人的特性,而只是一种“操作性知识”。

通过以上论述,可以认识到,体育教学的本质就是“一种针对运动技术和知识的教学”,在体育教学中,学生学会了运动知识并将之转化为运动技能,体育教学的本质就达成了。

第二节　体育教学的结构与功能

一、体育教学的结构

结构不仅是观念形态中的一种常见形式,而且也是物质运动状态中的典型反映。结构中的“结”可解释为结合,“构”可解释为构造,从字面上来看,结构就是主观思想与客观世界的结合与构造。

体育教学结构具体可以分为两部分,即外部结构和内部结构。

(一)外部结构

课外体育是组成体育外部结构最主要因素,课外体育有着十

分丰富而广泛的内容，通常情况下，体育课堂教学之外的所有体育活动（学校内外）都属于课外体育的范畴。具体而言，课外体育包括早操、课间操、课外体育活动、课外体育训练与比赛、学校运动会、体育节以及校外一系列体育活动等。

（二）内部结构

从时间维度来看，体育教学的内部结构是一系列教学目标的综合体。具体是以学段教学目标为起始，然后是水平教学目标，接着是学年教学目标、学期教学目标、单元教学目标以及课时教学目标（图 1-1）。

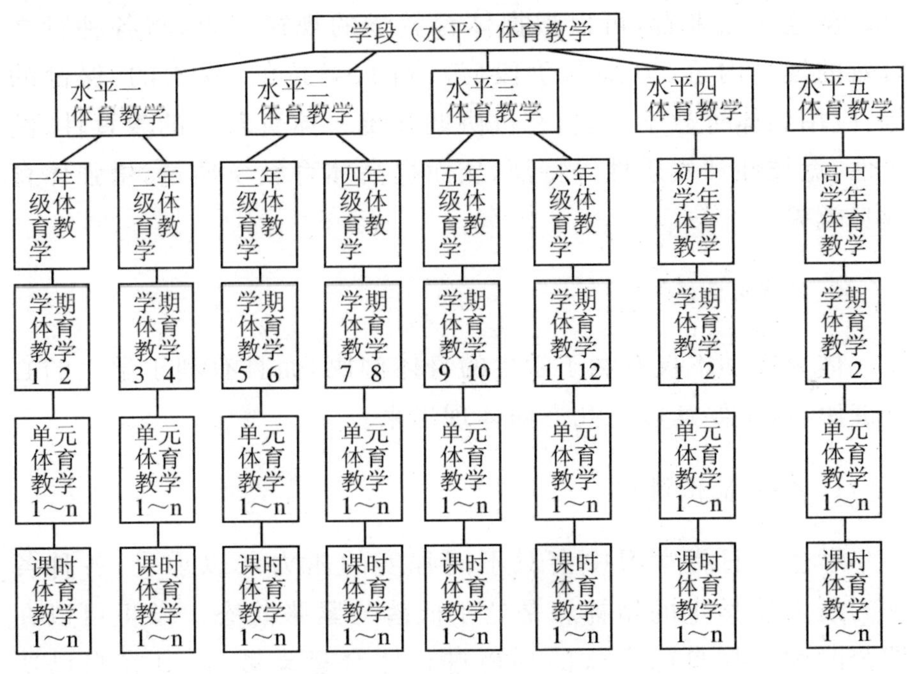

图 1-1

二、体育教学的功能

体育教学的功能主要体现在健身、健心、教育、传承及社会等几方面，下面就这几方面的功能展开具体说明。

（一）健身功能

健身功能是体育教学的本质功能。所有体育教学都应将健康教育放在首要的位置。因为增强人民体质是体育运动的本质属性。适当地参加体育运动，科学地进行体育锻炼，可以有效提高学生的身心健康水平。

经过长期的改革与实践，现代体育课程在规划设计教学大纲、选择教材内容、安排课时、实施教学组织等方面已逐渐趋于合理化与科学化。学生自身的身体运动锻炼是体育教学活动开展的主要方式，因此学生直接参与活动就成为体育教学的显著特点。从这一点来看，可以根据体育教学的规律特点，将各种行之有效的健身内容、方法与手段（健身的、竞技的、娱乐的、保健的等）应用到体育教学中去，有机协调并统一体育教学的教育性、健身性、竞技性和娱乐性等特征，从而提高体育教学质量，增强体育健身效果。

（二）健心功能

体育教学不仅有利于学生的身体健康，而且有利于学生的心理健康，这主要从以下几方面体现出来。

1. 缓解紧张情绪

学生在日常学习中会对不同程度的压力加以承受，各种各样的压力使学生的精神总是处于低落与紧张状态。学生可以在课余时间选择自己喜欢的环境进行体育运动锻炼，其在自己所选择的环境中参与体育运动有利于获得轻松愉快的心情。所以说，体育运动锻炼有利于学生紧张情绪的缓解和愉悦心情的保持。

学生通过参加校园体育运动能够使自身的紧张情绪得到调节，从而产生愉快的感觉，使自身的神经系统保持兴奋的健康状态，从而轻松地投入到学习中。

2. 保持良好心情

学生在参与体育运动技能学练时，有一定的节奏规律需要遵循，而且上下肢需要协调配合，使身体的各个部位全部参与其中，这样才能完成规范动作的练习。全身部位参与体育活动有利于肌肉的紧张得到缓解，有规律的节奏能够使学生舒缓神经，缓和情绪，从而享受体育运动带来的乐趣。体育锻炼的过程中，学生全身肌肉基本上处于放松状态，其精神也随着身体的放松而不断放松。所以，进行体育运动锻炼不仅能够使学生获得有效的休息效果，而且能够使其维持良好的情绪与心情。

3. 防治心理疾病

随着经济的发展与社会的进步，人们的生活水平不断提高，同时也面临着巨大的生活与竞争压力。这一客观实际会对人们的生理活动和精神状态造成消极的影响，人们在巨大的压力下很容易产生心理疾病。对于学生而言，主要压力来自于学习，一些学生在学习过程中因为无法正确处理一些问题而容易导致心理疾病。

在生理上，心理疾病主要表现为没有食欲、体质不断下降、有睡觉的欲望但总会失眠；在精神上，心理疾病主要表现为情绪低落、精神不振、没有自信、心理郁闷、经常处于急躁状态等。这些心理疾病症状会影响学生的正常学习与生活。现代科学研究表明，参加体育运动锻炼能够有效预防上述心理疾病症状的发生。经过体育锻炼之后，学生往往会觉得身心轻松、心情愉悦、具有饱满的精神，这就有利于防止心理疾病的发生，从而使学生的心理保持健康积极的状态。

4. 建立良好的自我概念

一个人对自身在身体、思想情感、能力等方面的整体与综合评价就是所谓的自我概念，各种各样的自我认识是组成自我概念的主要因素。目前，很多学生因为对自己的体型与体态不满意而感到自卑、苦恼，因此无法树立良好的自我概念，在自我评价方面表现出消极的一面。

一个人的气质与风度在很大程度上受到身体姿态的影响。人们所追求的理想的身体姿态基本上都能够通过体育运动锻炼获得。学生参与体育锻炼，有利于身体中多余脂肪的消除，使体内的吸收与消耗处于平衡状态；有利于促进肌肉、骨骼以及关节的匀称生长与协调发展，从而改善自身的不良身体姿态，促进优美身体姿态的形成与保持。这样学生就能够通过优美的身体姿态来表现自身良好的气质与修养，姿态良好的学生始终散发着一种活力澎湃、积极健康的气息。

体育运动在塑造一个人的体形方面也具有非常明显的作用与功能。学生通过参加体育运动，尤其是练习力量性的动作，能够使骨骼变得粗壮，增加肌肉围度，从而对天生的体型缺陷产生一定的弥补作用，使体型变得匀称而健美。

综上，学生科学地参与体育运动，能够保持正确的身体姿态，加快自身生长发育的进程，同时也可以矫正畸形的身体形态。学生拥有良好的身体姿态和健美的身体形态后，就会在自我评价中表现得信心充足，从而建立良好的自我概念。

（三）教育功能

1. 智育功能

在学校体育教学中，学生积极参与体育课堂教学活动及课外活动，能够大幅度地促进自身智力水平的提高，这主要从以下三个方面反映出来。

（1）增强神经系统功能

首先，学生在学习体育的过程中会不可避免地参与体育运动，通过参与体育运动，学生神经系统的功能将会增强，主要反映在其大脑的兴奋和抑制过程会变得比以前更集中，这时其能够迅

速地对一些刺激做出准确的反应，这在一定程度上就促进了智力水平的提高。

其次，一个人的左脑和右脑相比，后者在信息容量、形象思维能力以及记忆容量等方面都优于前者，学生积极投身于体育运动的学练中能够不断地锻炼自己的右脑，从而使右脑在容量与能力方面的优势充分发挥出来。

最后，学生参与体育运动，能够促进自身血液循环的加快与流畅，促进自身呼吸系统功能的提高，这就能够将大量的养分提供给大脑，从而促进大脑记忆、思维和想象力的发展，最终促进综合智力水平的不断提高与发展。

(2)提高脑力工作效率

体育教学中，学生参与体育运动，能够促进自身应激反应的减缓，但是只有经常参与、科学参与、有规律地参与才能取得明显的效果。一个人的血压和心率会受到肾上腺素受体数目或敏感性的影响，因此一个人的生理也就会受到特定的应激源的影响。冷静思考与欣赏音乐能够促使一个人皮肤电反应速度的降低，这个现象是从强烈的应激情境中变化而来的。而参与体育运动对人体产生的这一影响将会更加明显与有效，这是国外相关人员经过研究而得出的结果。学生处于静止状态时，容易在生理上产生应激反应，而体育运动能够促使生理应激反应的减少，从而提高脑力工作效率，进一步提高学生的学习效率。

(3)消除疲劳，振奋精神，开发潜力

生理与心理方面的不良因素都会导致疲劳的产生，可见疲劳是一种具有综合性的症状。如果一个人参与一些活动的态度是被动消极的，或者所从事的工作超出了自己的能力范围，这时，其在心理与生理上都容易出现疲劳症状。人的大脑皮层能够对自身的随意活动进行调节，学生在学习体育之外的其他学科时，大都是学习一些理论文化知识，这时其大脑皮层的有关区域处于高度兴奋的状态，学习时间越长，保护性抑制就越容易出现于大脑中，一旦出现，学习效率就会不如先前。

学生在学习体育学科时,通常不仅要学习文化知识,而且要学习实践技能,可谓是脑力与体力活动的有机结合,这样的结合活动有利于使学生的运动神经中枢处于兴奋状态,从而与学习文化知识相关的中枢就有了交替的休息时间,这对因脑力劳动而导致的疲劳的消除是有利的,从而也有利于促进学习理论知识的效率的提高。除此之外,学生经过参与体育运动,能够促使自身身体素质的加强,能够维持较高的健康水平,这样学生就有充足的精力投身于文化课的学习中,并在学习过程中不断对自身的潜力进行开发。

2. 德育功能

体育教学具有帮助学生形成良好思想品德的功能。体育教学中,大多体育运动或体育游戏都需要集体共同参与方能完成。根据体育运动或游戏的规则,运动竞赛或游戏要想顺利进行,必须依靠参与者自觉遵守既定规则。因此,体育运动开展的前提是守纪守则,运动取胜关键要靠集体的团结配合。

学生在体育教学与比赛中,可以养成遵纪守则的良好习惯。学生要想取胜,必须认识到团结互助、协调合作、发挥集体力量的重要性。在体育练习或比赛(游戏)中,学生还要懂得关心同学、尊重对手、尊重裁判、自觉遵守体育课堂秩序。此外,系统的体育教学对陶冶学生良好情操,塑造学生完美人格同样具有重要作用。

3. 美育功能

体育教学具有提高学生审美意识与审美能力的重要作用。健、力、美同时蕴含于体育运动中,静态的人体造型和动态的运动节律都具有美的特质,都表现出人们向往美的意愿。体育运动的“美”不仅在运动过程中突出,而且在运动结果上也有淋漓尽致的体现。运动参与者主要从以下两方面获取成就感与审美感。一方面是运动参与者通过科学体育锻炼而获得的完美身体曲线;另

一方面是运动参与者通过激烈与公平的比赛而获得的成绩。

学生对体育运动的审美意识也可以通过体育教学来培养，体育教学可以帮助学生树立正确的人体及运动的审美标准，使学生体验积极、健康的审美情感，进而提高学生的美学素养。

（四）传承功能

体育教学具有符合一定教学规律的系统结构，宏观而言，体育单元教学计划由体育课累加而成；体育学期教学计划由各个单元教学计划累加而成；学年教学计划由两个学期教学计划累加而成；依此类推，小学、中学等学段教学计划得以形成。

从体育教学内容这一微观视角来看，学生掌握的完整运动技术是由多个小的运动技术累加而成的，学生学到的运动技能又是由多个项目的完整运动技术累加而成的。

综合宏观系统视角与微观内容视角可知，学生参与小学、中学、大学等不同学习阶段的体育教学后，能够掌握比较完整的体育知识、文化以及运动技能，这时体育教学的体育文化传承功能就能够得以实现。

（五）社会功能

体育教学具有一定的社会功能与价值，这主要从对学生社会化的影响中体现出来。对于社会的生存与发展来说，人的社会化起着非常重要且较为深远的影响。人的社会化，简单来说，就是社会将一个“自然人”教化为一个“社会人”的过程。体育教学的社会功能具体表现如下。

1．体育教学是培养社会角色的重要有效途径

每个人只要在特定的社会中生活，就会有一些不同的社会角色需要扮演，充当社会角色会促进人的社会化，加速人的社会化进程。人们在社会中需要学习很多与角色相关的内容，其中与角色相关的权利及义务的学习，与角色相关的态度、情感和价值观

及角色转变的学习等是比较重要的。体育教学在培养人的社会角色方面发挥着举足轻重的价值与作用,具体表现如下。

首先,学生在体育教学活动中可以充当多样化的角色。例如,学习中充当学生,比赛中充当运动员或裁判员,训练中充当教练员等,让学生以不同的角色参与体育教学,对于学生对不同角色任务的了解,角色多样性和稳定性的理解,扮演角色技能的锻炼,角色的态度、情感以及心理习惯和社会习惯的培养等都会产生非常积极的促进作用。

其次,体育教学活动中,教师与学生通常使用的教学方法中包括教师的示范教学与学生的模仿学习。从学生的模仿学习来看,不管在课堂上教师传授怎样的教学内容,学生都能够采取这一学习方法。学生采用模仿学习法可以对其所扮演的种种角色的感受进行深刻体会,能够使自身的集体意识与社会意识得到进一步的强化,从而对自己的社会角色与地位也能够有更加深入的认识,对自己所表现出的行为也会有所理解,进而提升自身的社会适应能力。

2. 体育教学对学生良好个性的形成非常有利

一般情况下,有两方面的因素会影响学生个性的形成与发展,即遗传因素和包括家庭、学校、社会等的社会环境因素。在学生良好个性的形成过程中,体育教学发挥着积极的影响与作用。体育教学活动中,学生进行体育学习往往需要有身体的直接参与,而且体育学习有着很强的开放性,经常会发生时空的转化,学生之间的沟通与联系也很频繁,这对于学生学习效果的提高都是非常有利的。由此可以看出,体育教学所具有的这些特征在促进学生良好个性的形成方面,比其他学科更能发挥积极的作用。而且,体育教学对于学生学习自主性的提高、良好意志品质的培养以及集体主义价值观的建立也都起着积极的影响与作用。

3. 体育教学有助于改善人际关系

现代社会中,人们的生活节奏不断在加快,人们在这样的环

境中越来越喜欢将自己封闭起来，这样人与人之间的交流与沟通就难以实现，人们之间的感情就会不断淡化，人与人之间很难通过接触而营造和谐的社会氛围。学生也是如此，学生埋头学习，如果没有一些特殊的活动，很难与其他同学进行接触与交流。体育教学能够将这种局面打破，不管学生在性别、年龄、地域、学习成绩、信仰等方面有多大的不同，一旦参与到体育课的学习中，他们就很容易接触、交流与互相学习，这时他们所营造出来的学习氛围是融洽、和谐的。

学生通过体育的学习互相传达信息、互通有无、交流自己的心得，心与心的距离就会不断拉近。研究表明，学生多与外界联系对其社会化进程的加速是有很大帮助的。学生在体育课上能够结识很多朋友，他们之间相互帮助，保持着一种良好的人际关系，这有利于学生为以后步入社会积累人脉。

第三节　体育教学的特点与原则

一、体育教学的特点

体育教学与其他学科教学同样都属于教学活动，因此他们之间有许多共同的特点，具体表现如下。

(1)体育教学和其他学科的教学均是以班级为单位开展的教学活动。在实际的教学过程中，班级教学的组织形式会根据具体需要而有所不同，如有学生入学时组成的自然班，有根据学生的不同兴趣组成的单项班等各种组织形式。

(2)体育教学与其他学科教学的目的都是为了向学生传授某种知识或技能。

(3)体育教学和其他学科的教学都是教师与学生的双边活动。教师与学生在教学活动中展开各种形式的交流，如语言上的交流、肢体动作的交流等。传统教学中，这种交流更多的是单向交流，即教师→学生（教师传授给学生某种知识和技能），现代教学要求教师注重学生学习的主体性，将单向交流转化为双向交流。

体育教学不仅具有同其他学科教学类似的一般特点，还具有自身独有的特点，主要表现在教学条件、教学环境、教学过程、教学内容、人际关系等方面，具体如下。

（一）教学条件的制约性

体育教学内容丰富，涉及要素较多，这就决定了其会受到很多客观条件的制约，这是体育教学的重要特点之一。体育教学活动受到的制约主要来自于学生运动基础、学生其他基本情况（年龄、性别、生理和心理特点）、体育教学场地条件、器材、气候等方面。这些方面的因素都会影响甚至决定体育教学质量的高低。具体可以将这些制约因素归纳为以下两方面。

（1）就教学主体来讲，学生作为体育教学过程中体育知识与技能传授的受众，与之有关的诸多情况都会对体育教学本身造成一些影响，因此体育教学要想进行得顺利，取得良好的教学效果，就要意识到学生在运动基础以及体质强弱等实际情况上存在的差异，从而能够区别对待。男生与女生在身体形态、机能水平、运动能力等方面的差异尤为明显，根据这些差异，学校体育教育部门和体育教师在开展教学设计、教材选择和教学组织等方面的工作时，就要考虑周全，否则会影响教学目标和良好教学效果的实现。

（2）就教学环境来讲，体育教学环境是体育教学的重要载体，其质量的高低对体育教学会产生较大影响。例如，体育教学活动多在户外开展，会面临严重的空气污染，或邻近马路带来的噪音污染等问题，这些问题则势必会影响体育教学主体在教学活动中的状态与情绪。天气对于室外体育教学的影响也是不容忽视的，如遇到雨、雪、大风等恶劣天气时，体育教学被迫停止，转而来到

室内进行一些体育理论课的教学，如此势必影响体育实践教学的顺利展开。

总之，体育教学受多方面条件的制约，要想顺利开展体育教学，摆脱不利于体育教学的各种条件因素的影响，体育教师就要在制定学年体育教学计划和具体课时计划时，在进行教材内容选择与教学组织实施中，都必须要考虑到这些客观实际与影响因素，结合教学实际，科学选择体育教学内容、方法和组织形式，尽量将制约因素的影响程度降至最低。

（二）教学环境的开放性

室外是开展体育教学的主要场所，目前我国体育教学多以体育实践课为主，体育教师组织的体育实践课主要在学校操场进行。室外进行的体育教学不同于在教室、实验室等封闭的地方开展的教学活动，其更加富有变化性，环境更加开放。

体育教学环境的开放性特征决定了体育教学不能完全按照室内教学的要求来具体开展实践活动，而需要谨记一些特殊的要求，具体如下。

(1)室外的体育教学是动态的，在大部分的教学时间中，学生都处于不断变化与形式多样的运动中，而且班级内学生较多，教师可采取分组教学的形式来开展具体的教学活动。

(2)体育课多在操场进行，受到的干扰因素较多，如天气、地形、周边设施与噪音等，因此组织与管理方面的工作就变得十分复杂，需要体育教学工作者精心设计与统筹安排体育教学的组织形式、教学步骤与方法，使体育教学免受或少受外界环境的影响。

(3)一些学校体育基础设施条件较差，场地与器材年久失修，而且不符合安全标准，所以很容易造成学生的损伤，因此体育教师应重视对学生的安全教育。

（三）教学内容的情感性

体育教学的内容非常丰富，涉及范围广泛，不仅仅限于球类运动、游泳、田径，还包括如体育舞蹈、瑜伽等内容。通过对这些内容进行学习，学生可以从中体会到源自体育的丰富情感。

具体来说，体育教学内容的情感性特征表现在以下几方面。

(1)在体育教学过程中，师生可以体会到只有体育才能赋予人的人体美和运动美。一方面，学生通过体育教学，掌握体育健身的方法和技能，以此达到运动塑身的效果，使身体外在形态保持优美的线条和良好的身材比例；另一方面，学生通过练习不同的运动项目，可以认识到人体不同的动作展现出的动作美和肌肉的动态美，这种美只有在运动中才能看到，是外显性非常突出的美。

(2)体育教学能使学生真正领悟体育精神。每一项运动都向人们表现出了不同的美的内涵和审美特征，如球类运动可以表现个人对球类技术的掌握能力，集体球类项目中除了个人能力外，还包含了与队友之间的协作和互助精神。这些内容都是人类积累下来的丰富的体育内涵，而通过体育教学能使学生感受到体育的精神美，从而把握体育的精髓。

(3)通过体育教学中对美的感受，可以提高学生的审美能力。既然有美的存在，那么就要有能够欣赏美的人存在，学生作为能够欣赏美的人往往需要懂得如何提高自身欣赏美的能力。

(4)在体育教学过程中，学生通过参与体育活动可以陶冶情操，平衡心态。例如，学生在关键时刻始终保持冷静的心态，或是在胜利时表现出的谦虚等都有利于对情操的陶冶和心态平衡的保持。

(5)体育教学是一种创造性的社会活动，其创造的成果就是让学生获得内在的顿悟和精神上的启迪。同时，体育教学联系着学生与学生、教师与学生，这对提高学生的社会适应能力具有重要的影响作用。

(四)教学过程的直观性

体育教学过程具有直观性的特点，这主要体现在讲解、示范

和教学组织管理三个方面，具体分析如下。

1. 教师对体育教学内容的讲解的直观性

体育教学过程中，教师讲解体育教学内容，不仅要遵守其他学科教学的相关要求，而且还要使讲解的语言更加生动，并且富有一定的肢体表现能力，以使学生产生形象、贴切、有趣的感觉。尤其是在对某些较难的技术动作进行讲解时，教师不仅要对技术动作的重点进行详细描述，还要用生动、形象的语言把复杂的技术动作进行简单化讲解，做到深入浅出，以便于学生理解。

2. 教师对体育动作技能的示范的直观性

体育教学过程中，大多数体育项目的实践教学都涉及技术动作或战术配合，为了加深学生的理解和认识，教师有必要进行动作示范和实践演示。教师运用示范法展开教学时，需要运用非常直观形象的动作为学生示范，其中包括正确动作的演示和错误动作的演示，这些演示都是非常直观地展现在学生眼前的，不能有任何的艺术加工和变形，这样才会使学生从感官上直接感知动作的正确与错误，从而建立正确的、清晰的运动表象。学生在建立正确的动作表象后，需要结合教师的讲解与自己的思维，从而对体育知识、技术及技能进行充分掌握。

3. 教师对体育教学的组织与管理的直观性

体育教学中，教师与学生接触得越多，关系就会越融洽，体育教师对学生的组织与管理带有直观性。教师要更加具有责任心、更具有活力，身体力行，对学生的身心产生一种无形的教育，这有助于对学生的观察与帮助，有利于把控教学过程，也能为学生创造轻松的教学环境，使学生在教学中表现出来的言行都是他们最为真实的一面，也有利于获得正确的教学反馈，并及时对教学组织与管理进行完善。

（五）身心练习的统一性

一般认为，身体与心理是两种不同的事物，彼此间并没有很多的交集。实则不然，现代科学研究发现，身体健康有助于改善心理健康，而心理健康与否也会影响身体健康。因此，体育教学具有要求学生身心共修的特点。

体育教学重视对学生身体的改造，与此同时它还能够促进学生心理健康与多种适应能力的发展，这是其他学科无法达到的教学效果。体育教学营造了不同种类的教学情境，一系列积极的情境使得参与其中的人在潜移默化中受到感染。在体育教学中，学生的身心发展看似是多元的，但实际上是统一的。也就是说，通过体育教学，学生的身体与心理能够共同拓展和发展，表现出突出的统一性。身体发展是基础，心理发展是依赖，并能够促进身体发展。从这一方面来看，体育教学不仅可以促进学生掌握技能、身体发展、体质增强，而且有利于培养学生的思维方式和良好的心理品质，促进学生身心统一与协调发展。

体育教学中学生身心练习的统一性特征要求教师应做好以下几方面的教学工作。

（1）对体育教学内容的选择要注重身体与心理的统一。体育教学内容是体育教学活动的依据，对教学效果具有直接的影响作用。为了使体育教学体现身心统一的特点，教师应针对学生的身心健康状况合理选择教学内容，所选教材的编排要符合该年龄段学生的心理特点，除此之外还要满足美学、社会学等其他方面的要求。使学生通过体育知识学习、身体练习与情感体验，实现身心的健康发展。

（2）对体育教学方法的选用要注重身心统一。与其他学科的教学相比，体育教学的方法更加丰富，这更加便于体育教师结合体育教学实际合理选用教学方法。为了体现体育教学中学生身心练习的统一性特征，体育教师选择教学方法时要考虑学生在该年龄段的身心变化规律，选择正确的、适合学生身心发展的方法

进行教学。体育教师还必须根据学生的身心特点来安排教学，如此才能有效激发学生对体育运动的兴趣爱好，提高其学习积极性，促进其身体和心理的共同发展。

(3)体育教学中运动负荷的安排应注重身心统一。体育教学重在体育实践，它以身体练习为主，需要学生运用身体器官直接参与活动。在身体活动中，学生不仅要承受一定的身体负荷，还要承受相应的心理负荷。学生在完成大负荷的身体练习时，要承受肌肉活动引起的疲劳与不适，体验不同的心理过程，磨练思想意志，还要感受克服困难、团结一致、努力拼搏、体验失败和成功的心境。这种身心练习的统一性更有益于促进学生身心的健康发展。

(六)技能学习的重复性

体育教学最基本的目的则是使学生掌握运动技能，而为达到这一体育教学目的，就必须使学生重复学习运动技能。

运动技能的形成具有阶段性和规律性，运动技能形成大致要经历这样一个过程：即练习分解动作—练习连贯动作—独立完成连贯动作—熟练完成连贯动作。学生要想熟练掌握运动技能，需要经过长期的反复练习。学生无论是掌握篮足排运动中的复杂技能，还是学习体操中的滚翻、田径中的跑等技能，都需要经历由不会到会、由简单初步学习到复杂深入学习、由不熟练到熟练的发展过程。在此过程中，体育教师要严格遵循循序渐进的教学原则，逐步指导学生掌握各种运动技能，根据不同运动技能的特点，合理安排练习内容和时间，通过反复练习，使学生掌握与提高运动技能。

(七)身体活动的常态性

体育教学中，学生需要不断地重复学习体育运动技能，这也决定了学生在体育教学活动中，要经常进行身体活动，即体育教学具有身体活动的常态性特点。体育课堂教学过程中，教师与学生的身体操练非常频繁，这是非常显著的表现。

一般性（主要是指文化类学科）的教学，多在封闭的教室（实验室、多功能厅）进行，且要保持相对的安静，这样才能激发学生的思维并获得良好的学习效果。而和这些学科相比，体育教学却刚好相反，其教学的地点多为户外或专用运动场馆，场地较为宽阔，而且在大多数时间中都在进行运动技术练习，这一教学环节并不需要刻意保持安静，学生之间、学生与教师之间随时都可以有相关的交流和沟通，如此才更有利于学生对运动技术的学习。

体育教学要求学生掌握基本的运动技能，体育教学过程中有很多对身体活动的要求，这是体育教学与其他学科教学的最大区别。因此，在体育教学中，几乎所有内容都涉及身体活动，或者是为即将到来的身体活动做准备的活动，这就是将体育教学称为“身体知识”的主要原因。在体育教学过程中，不仅是学生要进行具有一定运动负荷的运动，教师在做示范、做指导和参与到组队教学赛中时也需要付出不少体力。可见，体育教学身体活动的常态性特点不单单是表现在学生身上，同时也从教师这一主体中表现出来。

（八）人际关系的多边性

人际交往在体育教学中所占的位置是不容忽视的，体育教学中的人际交往具有多边性的特征。

体育教学的组织形式主要是在单人、双人、小群体以及全班之间不断转换的，要求学生在不同的时空内完成不同的身体运动、不断地变换角色地位，彼此之间建立多种不同的联系。因此，在体育教学中，帅生之间、生生之间、小群体之间存在着频繁且形式多样的人际交往关系。

针对体育教学过程中人际关系的多边性特点，体育教师可以运用多种方式与学生进行交流与沟通，并引导学生之间的配合、鼓励与评判，使学生在体育课堂中初步体会社会交往，培养学生的合作意识，提高其人际交往能力。

二、体育教学的原则

体育教学活动不是随意开展的，其需要遵循一定的要求与原则，这样才能确保教学过程的顺利实施和良好教学效果的顺利获取。一般来说，体育教学需要遵循如下几个基本原则。

（一）因材施教原则

1. 贯彻依据

作为体育教学的主体，学生之间既有共性，也有特性。共性体现在相同年龄阶段身体发育的稳定性和普遍性；特性则是每位学生受性别、遗传、生长环境、教育水平、认识能力等因素的影响，彼此之间存在差异，尤其是身心发展方面的差异。学生身心方面存在的差异在体育运动能力上表现得更加明显。例如，有些学生的家长喜爱运动，所以从小就培养孩子参与体育运动或参加业余体育训练的兴趣与爱好，这样孩子的运动水平就相对超越同年龄段的孩子的平均水平而显得格外突出。因此，体育教学应重视不同学生及同一学生在不同年龄阶段的差异，因材施教。

2. 贯彻要求

体育教学中贯彻因材施教原则需要做到以下几点要求。

（1）引导学生对个体差异正确对待

对学生之间的差异，如果加以恰当利用，就是一个教育学生要互相帮助，培养团队意识和集体精神的好方法。不同学生的运动天赋和对体育的了解程度各有不同，要在体育教学中贯彻因材施教的原则，就要求教师在充分了解学生个体差异性的基础上，向学生讲解个体差异的具体表现，并引导学生正确看待差异。差异的存在是客观的，然而这不能成为歧视天赋较差的学生的理由，同时教师也不能过分偏爱天赋较好的学生，要一视同仁。

(2)对学生之间的差异要深入了解

一方面,教师要对学生个体的差异性进行全面了解,这是贯彻因材施教原则的前提条件。为此,教师可以在学期教学开始前进行一些测试或座谈交流,清楚不同学生在身体条件、兴趣爱好和运动技能等方面的差异;另一方面,教师应认识到学生个体差异并不是一成不变的,如有些学生在一开始的测评中被认为没有很好的运动天赋,但是其本人非常热爱体育运动,平时在课堂上也非常积极地配合教师完成各种教学动作,经过一段时间后学生就会取得突飞猛进的进步,对此教师要有长远的眼光,要能发现不同学生在运动方面的天赋。

(3)对适当的教学方法加以选择

在一些体育项目的教学中,不适合根据“等质分组”原理来处理区别针对性教学的问题。因此,教师面对这种情况就要运用其他方法来对待学生的个体差异性,如安排“绕竿跑”“定点投篮”等教学方法。这些方法主要是主要针对那些在某些项目中没有任何特长的学生而采用的,目的是让他们能够对体育产生兴趣,使其不会因为没有特长、成绩太差而觉得自己是体育课堂的“局外人”。体育教师应让每一个学生都能参与到体育教学活动中来,体验运动的乐趣。

(4)结合学生个体差异性与统一要求

在体育教学中,提高全体学生的综合素质是每个教师的目标,因此在制定教学目标时,都会考虑到目标的可行性,要满足大部分学生的要求。学生的个体差异是客观存在的,教师应在教学中充分重视这点,但是体育教师也要立足于整个班级的教学,对学生统一要求,以促进学生完成教学任务,达成体育教学目标。

(二)专项教学原则

1. 贯彻依据

体育教学内容丰富,项目多样,不同内容的具体教学对学生

的要求是不同的，因此教师应结合不同体育项目的特点和规律开展体育教学，在促进学生基本身体素质提高的基础上，发展其运动专项能力，提高其运动水平。

2. 贯彻要求

体育教学的专项教学原则要求体育教师应重视学生专门性知觉的优先发展。体育运动通常是在具体的运动环境中进行的，以篮球为例，篮球运动围绕篮球、篮球场地以及场地上的器材而展开，运动过程中，学生对环境和器材的感知是专门性知觉发展的过程，其中手指、手腕对球的控制能力至关重要，因此教师应高度重视学生控球能力的优先发展。

（三）精讲多练原则

1. 贯彻依据

体育教学过程中，需要遵循精讲多练这一基本的原则。精讲指的是教师在对教材有了深入的把握，对学生的基本情况有了一定的了解之后，在较短的时间内用精简的语言向学生讲清楚教材的基本内容、重点内容以及动作技术要领。多练指的是在体育教师的带领下，学生将课堂与课余时间充分利用起来参与体育锻炼与练习。精讲多练中“讲”“练”是需要同时重视的问题，二者是有机统一的整体，通过这两方面的努力来促进教师与学生教学积极性的发挥。

讲和练之间存在着密切的联系，教师在精讲后，可以腾出更多的时间来供学生多练，学生练习的过程中，教师也可以为其提供帮助。精讲多练中，前提是精讲，体育教师只有做到精讲，才能使学生在短时间内对教材内容、技术技能进行充分的掌握，从而使学生用剩余的充分时间来多多练习。所以，教师要清楚精讲的要领，学生要掌握多练的要领。教师在讲的过程中，并不是说时间越短越好，内容越少越好，而且是尽可能地利用最短的时间和最容易使学生理解的语言来将体育教材中的重点内容与核心部分讲出来，而不是照着书本去“读书”；在学生练习的过程中，如果现有的小组队伍不会影响练习的效率，就可以不必花费时间去进行队伍调动，将时间尽量用在强化学生练习和指导学生练习的重点上，从而提高练习的效率与质量。掌握精讲多练的技巧有利于促进体育教学目的的尽快实现。

2. 贯彻要求

体育教学中贯彻精讲多练的教学原则需要做到以下几点要求。

(1)讲解的内容要精要

在体育教学活动中，教师必然会采用讲解的方法来教学，在讲解前，教师一定要对体育教学的目的与要求有一定的了解，从而在讲解过程中能够有意识地简化语言，压缩时间，将教材内容的重难点突出来，切忌机械地照着书本念。相对来说，年轻的体育教师比较不容易做到这一点，原因有两方面。一方面，年轻的体育教师喜欢背教材知识与内容，但书上有关运动技术的内容篇幅大，而且阐述得比较复杂，教师如果将这些大篇幅复杂的技术内容背出来后，不仅会浪费时间，还会增加学生的理解难度，减少学生的练习时间；另一方面，年轻的体育教师教学经验不足，所以在课堂上讲解时，对该说的、不该说的，重点的、非重点的内容把握得较为模糊，所以可能导致所讲的内容是非重点，重点内容却没有教给学生；该详细讲解的可能只是一句话带过，而可以简说的内容却花费很长时间去陈述，如此一来，学生的学习效率便大大降低了，课堂教学的效果也不会提高。

(2)采用恰当的方法讲解

体育教学中，教师在讲解的过程中，不仅要注意与体育教学要求相符，而且要注意与学生的实际学习基础与能力相符。下面主要从三方面来说明教师如何采用恰当的，符合教学要求与学生实际的方法进行讲解。

首先，教师要对教材内容的特征有一定的了解，针对难度不同的教材内容采取不同的讲解方式。

其次，教师要对学生的学习基础、特点以及理解能力有一定的了解。学生的学习水平很难保持在同一层次，所以针对不同水平的学生要采取相应的讲解方法。例如，如果教授对象是低年级的学生，教师要采用口语化、通俗化的语言来讲解，便于学生理解；如果是高年级的学生，教师在确保讲解语言通俗易懂的情况下可以增加一些抽象讲解，启发学生的思维。

最后，针对新授课和复习课，教师也要采取不同的方法进行讲解。如果是新的教材内容，教师要采取符合这部分内容的方法来讲解，如果是复习课，教师就要相应地调整讲解的时间与方法。

(3)采取多样化的方法进行练习

在身体练习的过程中，学生可以采取的方法有很多，如间隙练习法、重复练习法、游戏练习法、变换练习法、循环练习法、改变条件练习法等。体育教师要引导学生对这些多样化的练习方法加以采用，使学生能够对运动技术技能尽快加以掌握，促进体育教学目标的顺利实现。上述所列举的身体练习方法并非对所有学生都适用，因此学生在练习时，要考虑自身的实际情况，采取最适合自己的方法进行练习，以便提高练习的效率。教师要帮助学生采取适合他们的练习方法进行练习，避免学生练习的盲目性。

(4)教师指导学生练习

学生在身体练习的过程中，要依靠自己不断思考与不懈的坚持来完成一些难度动作的训练，但只有学生的努力很难达到良好的练习效果，而且见效也比较慢。这时就需要教师对其进行指导与帮助。教师对学生进行指导与帮助，一定程度上可以防止学生浪费不必要的时间，使其在有限的时间内获得较大的成果。所以，在身体练习过程中，不仅需要学生积极思考，善于动脑，促进练习成效的增加，而且需要教师对学生进行有效的指导。教师的指导要因人而异，针对不同的学生要采取不同的辅导方法，将正确的信息反馈给学生。在身体练习这一过程中，教师与学生之间是亲密互动的关系，二者在为了同一个教学目标而努力。

(四)巩固提高原则

1. 贯彻依据

根据遗忘规律和运动条件反射建立与消退的理论可知，学生学到的知识与技能在一段时间内如不经常复习就会遗忘或消退。另外根据“用进废退”原理可知，学生对所学习的运动技能进行反复练习，有助于发展运动能力、身体素质和生理机能，起到强身健体的作用。因此，学生要注意巩固自身所学到的知识和运动技能。“学习如逆水行舟，不进则退”“温故而知新”这些关于学习的名句充分揭示了学习中巩固提高的重要性。体育教学多为身体的练习，一般来讲，如果这种练习不能得到巩固，就会随着时间的延长而消退，因此在体育教学中贯彻巩固提高原则是十分必要的。

2. 贯彻要求

体育教学中贯彻巩固提高原则需要做到以下几点要求。

(1)在体育教学中，教师应合理安排训练计划，让学生进行反复强化的练习，增加练习的密度，使其所掌握的技能得到进一步的巩固和提高。制定合理的训练计划是为了让机体在巩固提高的过程中避免因过度疲劳而损伤机体。

(2)体育教师不断提出新的学习目标，培养学生的体育运动兴趣和体育学习动机。

(3)增加运动密度和动作重复的次数，反复强化，不断巩固运动条件反射，提高技术水平、身体素质和体育能力。

(4)体育教师要给学生布置适量的课外体育作业或家庭体育作业，将课内课外的学习结合起来，达到巩固提高的目的。

(5)体育教师应重视多元体育教学方法和训练方法的选择与运用。在体育教学中，教师可采用改变教学方式或者改变练习条件的方法来达到巩固提高的目的。

(五)合理安排负荷原则

1. 贯彻依据

(1)人体发展的基本规律

学生在参与体育教学时,不管是身体练习还是运动技能的学习,都需要承受一定量的运动负荷。但人体参与体育运动的规律揭示出,任何练习和学习都不是活动量越大越好,运动负荷过大,会对学生的身体健康造成不同程度的损害;运动负荷过小,不利于良好教学效果的取得。运动负荷安排得是否得当,是检验一名体育教师执教水平的重要标准。

(2)学生生长发育的特殊性

大多数学生的身体尚处在生长发育期,身体各方面机能的发展并不完善,因此教师在对运动负荷进行安排时,注意既要满足学生锻炼身体和掌握运动技能的需要,又不至于使学生体能透支而出现危险情况,体育教师为学生安排和设计体育教学活动量要以学生可以承受的身体负荷为依据。

2. 贯彻要求

体育教学中贯彻合理安排负荷原则需要做到以下几点要求。

(1)考虑学生的身体需求

体育教学应为促进学生身体发展而服务,因此在体育教学中,教师对运动负荷的安排应充分考虑学生的身体发展状况与需要,做出合理安排。这就要求教师必须了解学生的身体发展情况(包括不同性别学生的生理差异、学生在不同生长发育阶段的特点等)。此外,运动负荷的安排要体现对学生身体的无伤害性,同时要有利于促进学生身体的健康发展。

(2)服从体育教学目标

体育教学的目标是培养学生健康的体魄和健康的心理素质,因此基于这个目标可以认识到,体育教学不是为了让学生不断超越身体极限而挑战自我，也不是为了增加运动负荷而进行大运动量训练，竞技体育中单纯为了金牌而无限制地加大运动负荷的方法不适用于对普通学生开展的体育教学。

(3)考虑学生共性与个性的关系

一方面，教师要从学生的整体情况来考虑运动负荷的安排。这个整体情况主要是指学生的年龄段有相对趋同性，因此他们的身体素质发展有类似的特点；另一方面，教师在整体趋同性的基础上，还要关注个别学生的特殊情况，如对伤病学生的运动负荷安排应酌情减少。

(4)重视学生的合理休息

运动负荷的安排与休息方式、休息时间有关。科学合理地安排休息方式、休息时间和心理负荷，对于顺利达到理想的体育锻炼效果有着重要作用。

(5)注意提高学生自我控制运动负荷的能力

体育教学虽然主要以学生参与身体练习为主，但是也不能忽视学生对体育理论知识方面的掌握，体育理论教学往往能够让学生更好地理解体育的意义，从而促使他们在课余时间主动参与到体育锻炼中来，而不是仅仅在课堂中被动学习。因此，体育教师应加强对学生理论知识的教育，提高学生判断运动负荷是否合理的基本能力，并使学生能在体育锻炼中自主调节运动负荷。

(六)全面发展原则

体育教学应以促进学生的身体健康为基础，进而促进学生身心的全面协调发展。在体育教学中，应将体育学科与心理学、美学和社会学等学科知识结合起来，全面促进学生多方面素质的发展，以培养适应社会主义现代化建设需求的全方位人才。

1. 贯彻依据

(1)实现社会主义体育教学目的的需要

我国社会主义的性质，决定了体育教学具有明显的社会主义

目的性，这就要求体育教学要为培养身体健康的全面发展人才服务。因此，在体育教学中，要使学生身心双修。

(2)实现体育教学基本功能的需要

体育具有健身、教育、休闲娱乐、促进个体社会化等多种功能。由此可见，体育教学是集中实现体育多种功能的有效途径。

(3)促进学生发展的需要

在新的历史发展时期，学生的发展并不仅限于身体的发展，在思想、心理、智力、道德品质与行为、审美等方面都应有所发展。

2. 贯彻要求

体育教学中贯彻全面发展原则需要做到以下几点要求。

(1)体育教师应树立现代体育教学价值观念，用现代体育教学价值观去对体育教学质量做出评价与衡量。现代体育教学除了具有一定的生物学价值，还具有心理学、教育学、社会学及美学的价值。

(2)在体育教学中，体育教师要对体育教学大纲(或课程标准)精神进行认真学习和领会，全面贯彻教学大纲(或课程标准)的目标和要求。

(3)体育教师在制定各种体育教学工作计划和编写教案时，应在课堂中给予学生足够的身体练习时间，并在教学中重视学生的心理发展。

(4)在体育教学的准备、实施、复习、评价等阶段中，无论是制定教学任务、选择教学内容还是运用各种教学手段和方法，都应注意增强学生体质并促进其全面发展。

(七)安全卫生原则

1. 贯彻依据

在体育教学的相关教程中，很少有涉及“安全卫生”教学原则的，考虑到体育教学过程中安全与卫生问题的特殊性和安全问题的困境，我们认为贯彻“安全卫生”教学原则很有必要。贯彻安全卫生教学原则就是要在设计体育教学计划和开展体育教学实践的过程中，对教材的性质、特点以及学生的年龄特点加以充分的考虑，将学生的运动卫生与安全问题重视起来，思考预防安全事故的策略和教学过程中出现安全问题后的解决方法，以使学生在体育教学中发生伤害事故的概率降低，确保学生的身体安全，使学生在安全卫生的环境下进行身体练习，促进自身的全面发展。

2. 贯彻要求

体育教学中贯彻安全卫生的教学原则需要遵循如下几个基本要求。

(1)树立“健康第一”和“安全第一”的理念

作为政府导向性理念，健康第一的思想基本上已在人们的大脑中占据了一定的位置。然而，体育教学过程中除了健康问题之外，还有一个重大的问题，即安全问题。虽然，我国各级政府和院校、学校教师、学生家长等最近几年开始关注与重视学生的体育安全问题，但体育教学中的安全事故还是不可避免。所以，开展体育教学工作，一定要将预防工作做好，对健康第一和安全第一的教学理念严格加以贯彻，将健康与安全问题放在首要的位置予以重视。

(2)做好各种安全措施

体育教学中，要做好各项安全措施，防止安全事故的发生，降低事故发生后造成的伤害。具体可以从以下三方面着手。

首先，在上体育课前，体育教师要提前十几分钟到达上课地点，如果所教的内容需要很多体育器材。教师要提前半小时到达。教师到达上课地点后，要事先准备好器材，并布置好器材的摆放，将场地打扫干净，以使学生能够在舒适的环境中上课。教师能否提早到达上课地点做好器材场地的卫生与布置工作，是衡量其工作态度和责任心的一个重要指标。

其次，体育教师要将课堂上需要用到的每一件器材检查好，

尤其是单双杠、跳马等器材。

再次，在正式上课前，教师要引导学生做好充分的准备工作，以预防运动伤病的发生。有些学生还未认识到课前做准备活动的重要性，所以很容易忽视这一环节，教师要耐心教导这部分学生，使其认识到准备活动不充分是导致运动伤病的一个重要原因。学生的准备活动不仅包括一般准备活动，还包括专项准备活动，这两方面缺一不可。通过这两方面的准备活动，学生的各个关节和肌肉都处于拉开的状态。这样就能够减少运动损伤的发生概率。

最后，在体育课堂教学中，体育教师要将一定的自我保护方法传授给学生，使学生在练习的过程中能够有意识地采取恰当的方法保护自己的安全。学生可能会做一些超出自身实际水平的练习，这样很容易受伤，教师要引导学生根据自己的实力进行合理的身体练习，选择适合自己的练习方法。

以上这几个方面需要体育教师予以重视，这虽然看似是很小的甚至是不起眼的工作，但却关系到学生的安全问题。有关学生安全与健康问题的工作都不是微不足道的，都是重要的。教师要树立良好的责任感，做好自己的本职工作，关心学生的健康与安全。

（八）终身体育原则

1. 贯彻依据

通过体育教学长久地影响学生对运动健身重要性的理解，并使学生身体力行地参与其中是体育教学的最终目的。这也是新《体育（与健康）课程标准》对当前体育教学的基本要求。因此，培养学生的终身体育意识，帮助学生养成终身体育的良好习惯是体育教学应遵循的基本原则之一。

2. 贯彻要求

体育教学中贯彻终身体育原则需要做到以下几点要求。

(1)促进学生终身体育思想的形成

体育教学中,教师要对学生的体育爱好与技术特长加以留心观察,并积极予以引导和帮助,要注重对学生体育学习兴趣的激发,引导其形成终身体育思想,养成持久参与体育锻炼的习惯。

(2)着眼短期效益的同时兼顾长期效益

在体育教学中,教师要充分考虑教学的长期与短期效益,不仅要重视体育教材或某项运动技能的教学成果,还要兼顾体育教学的长期效益,这与体育教育总体目标的要求是一致的。

第二章 学校体育教学工作开展的概况分析

体育作为学校教育教学中的一门学科，是学校教育教学的重要组成部分。为了更好地了解学校体育教学工作，本章就学校体育教学工作开展的概况进行分析研究，内容包括学校体育教学发展的背景、学校体育教学工作存在的问题以及发展前景。

第一节　学校体育教学发展的背景

发展至今，学校体育教学在发展过程中受到诸多因素的影响，如现代社会以及社会中各个系统的发展变化对学校体育教学发展产生了重要影响。为了更好地了解学校体育教学，促进学校体育教学更好发展，了解学校体育教学发展的背景是非常必要的。

一、社会在持续不断地进步

学校体育的改革与发展是以社会进步为依托和基础的。社会的不断发展和进步为学校体育教学的改革与发展提供了重要的现实背景，这主要从以下几个方面表现出来。

（一）社会经济的快速发展

改革开放后，我国的经济获得了举世瞩目的快速发展，这同

时也为我国学校体育教育的发展提供了必要的经济基础。我国对学校教学设施的投入力度在不断地加大，特别是在体育场馆与设施上更是投入巨资，早年间学生参加体育活动一无场地，二无器材的局面早已得到改善，同时也使得学校体育教学工作得到了极大的完善。近年来更多的体育活动的开展也极大地激起了学生在体育学习方面的热情，从而有效地促进了学校体育教学质量的提高。

（二）“文明病”的产生

在现代社会，人类已经进入了物质文明的高度发展阶段，但是现代文明也是一把双刃剑，在带给人类舒适和安逸的同时，对人类身心发展的消极影响也是不可忽视的。比如随着饮食质量的提高，日常生活中可能会过多的摄入动物脂肪、高蛋白及糖类，从而导致肥胖、冠心病、高血脂等疾病发生率的上升。而现代工业的高度发达也导致体力活动越来越少，身体机能逐渐衰退，没有办法得到有效的锻炼等等一系列的问题。这些所谓的“文明病”时刻在蚕食着人类的健康。对于在校大学生来说，由于沉重的课程负担以及参与体育运动锻炼的不足，身体素质也在不断地下降。而学校体育的发展则能非常有效地解决这些问题的存在。

（三）激烈的社会竞争

社会在高速发展的同时，受到优胜劣汰的自然规律影响，社会上的每行每业，每一个领域的竞争都在不断加剧，生活的节奏也越来越快，人们也必须面对越来越大的心理压力。而对于在校学生来说，课业负担、就业压力以及人际交往等各个方面的问题造成相当一部分人有着不同程度的心理障碍，如性情孤僻、压抑，情绪失常等状况可以说已经司空见惯。由于我国的计划生育政策，导致大多数孩子都是独生子女，这使他们身上很可能出现以自我为中心、自私、缺乏独立生活能力、缺乏协作精神、任性、逆反和意志薄弱等一系列的问题。而参加体育运动往往能够有效缓

解人们的精神压力，对于在校大学生来说，学校体育的良好发展可以减轻学生们心理问题的程度，使学生的心情更加舒畅。

二、现代教育事业的发展

学校体育的发展与改革是整个教育体系发展改革的重要部分，因此教育事业的不断发展是学校体育发展的重要背景之一。

教育事业是我国各项事业的重中之重，教育事业稳步发展对一个国家的综合国力和未来前景有着极为重要的影响。随着人们对教育事业认识的加深，国家也采取了一系列措施来加强教育事业的发展。《中国教育改革和发展纲要》当中指出，要进一步转变教育思想、改革教学内容和教学方法，克服学校教育不同程度存在的脱离经济建设和社会发展需要的现象。学校教育要走上全面提高国民素质的轨道，面向全体学生，全面提高学生的思想道德、文化科学、劳动技能和身体心理素质，促进学生生动活泼地发展，还要进一步加强和改善学校体育卫生工作，动员社会各方面和家长关心学生的体质和健康。国家颁布的《中共中央国务院关于深化教育改革全面推进素质教育的决定》又强调了健康体魄是青少年为祖国和人民服务的基本前提，是我们中华民族旺盛生命力的体现。学校教育要树立健康第一的指导思想，切实加强体育工作的开展，确保学校大学生体育课程和课外体育活动时间，不可随意挤占体育活动时间和场所。我国相继出台的这一系列措施，不仅能够有效促进教育事业的发展，也为学校体育的发展与改革提供了依据，正是在这样的现实背景之下，学校体育作为素质教育改革的一个占据着非常主要地位的方面，就成为人们关注的一个焦点，因此在这一背景下，学校体育教学工作无论是在教学观念上，还是在教学形式、教学内容上都取得了新的突破。

以上这些国家出台的一系列规章制度都使得学校体育工作的开展有了可执行的依据，为学校体育的广泛开展提供了十分有利的条件，这是推动我国学校体育教育发展的强劲动力。

三、现代体育事业的发展

学校体育的发展与改革是与体育事业的发展有着相当密切的关系的，积极开展学校体育能够为我国的体育事业输送更多的体育人才，从而促进体育事业的不断发展；这又能够在全国各地都营造出良好的体育气氛，反过来带动学校体育的持续发展，从此进入一个良性循环。因此，体育事业的不断发展是学校体育改革与发展重要的现实背景之一。

20 世纪 80 年代以后，由于受到了我国政治、经济政策转变的影响，我国的体育事业逐渐走出了低谷，在竞技体育方面已经步入了世界强国之列，而群众体育也有了非常大的进步。《全民健身计划纲要》当中指出，全民健身计划以全国人民为实施对象，以青少年和儿童为重点，学校要全面贯彻党的教育方针，努力做好学校体育工作。要对学生进行终身体育的教育，培养学生体育锻炼的意识、技能与习惯，要积极创造条件，切实解决学校体育师资、经费、场地设施等问题。这些政策也成为学校体育发展的坚实后盾。

2008 年北京奥运会的成功举办更是大力刺激了中国体育事业的发展，激发了全民对体育事业的热情。我国运动员在体育赛事中的辉煌成就同时更加促进了人民群众对体育事业的兴趣。而随着我国经济的发展，体育产业也正在蓬勃的迅速发展着，因此对于体育人才也有着更加强烈的需求，这些都促使着学校体育进行更为深入的改革，从而能够满足体育事业发展的需要。

综上所述，学校体育的发展和改革是有着其自身独有的历史背景和现实背景的，学校体育不仅是素质教育的重要内容，还作为素质教育的重要手段而存在，因此只有进一步进行学校体育改革，促进学校体育的发展，才能使学校体育发挥出其应有的突出作用。

第二节　当前学校体育教学工作中存在的问题

目前，我国学校体育教学工作已取得了长足发展，各项教学工作都得到了很好改善，但在一些方面仍然存在许多问题，如教育观念比较落后，教学内容过于注重竞技化、教学组织形式较为单一、教师的主导地位较为薄弱等，这些都对我国学校体育教学工作的发展产生影响。本节主要就学校体育教学工作现状、存在的问题以及学校体育教学研究工作中存在的问题展开论述。

一、学校体育教学工作的现状

（1）"育人"是学校体育教学工作的最根本目标，但我国学校体育教学的情况是处在因缺乏具体的教学内容，导致缺乏对学生全面素质培养的方法和手段的情况之下，因此在学校体育教学实践中必须要重视增强学生体质。

（2）在当前，各学校对于体育教学往往过于重视"三基"的创收，但却在很大程度上忽视了对学生实际的体育能力的培养，同时在教学思想、教学体系、教学方法等方面都缺乏对于学生体育能力发展的重视，这种情况就造成了大学生的综合素质不能得到有效提高的一种局面。

（3）学校体育课程往往过于重视竞技体育项目，导致课程设置不符合促进学生终身体育观念的形成及全面推行学校学分制的要求。

（4）大学校园中的配套体育设施不够齐全，体育电化教学普及度不高、而对于非正常天气的体育教学也缺乏对策。

（5）学校体育教学往往欠缺明确的教学目标，这主要表现在以下两个方面。首先，学校体育教学往往过分重视大学生对某项运动技能的掌握，反而忽视了对于大学生在运动创造性和运动个性等方面的发展；其次，学校体育教学常常对于不同专业的大学生是否需要开设不同的体育课程的问题欠缺全面的考虑，从而导致了大学生的自身特点不能很好地发挥出来。

(6)学校体育教师队伍的综合素质有所欠缺。我国当前学校体育教师在学历层次、知识结构层次、科研能力等方面都与其他学科的教师存在较大差距，总体素质有待提高。总的来说，他们大多属于技术型和训练型教师，虽有一专但却不多能，这种情况不利于教师自身以及学校体育教学的进一步发展。

二、学校体育教学工作中存在的问题

我国目前正处于国家建设、经济腾飞的关键阶段。而相对于其他国家，我国与他们之间的竞争，从实质上来讲终究是民族素质的竞争，也可以理解为是教育的竞争。基于对这一理念的深刻认识，我国目前非常重视素质教育，这种教育方式主要以提高学生的综合素质为首要任务，而在素质教育中，体育则是作为一项非常重要的内容而存在着。从这里我们可以看出，学校体育承担着增强学生体质，增进学生健康，促进学生身心全面发展的重要任务。虽然我国学校体育改革正处在不断地深化过程中，但是仍存在着一些不令人满意的问题。这主要表现在以下几个方面。

(一)落后的思想观念

在 20 世纪 80 年代以前，我国受社会政治、经济等方面的影响，学校体育在观念上往往强调国家和社会对学生的体育需求，却很少顾及学生个体的体育需求。自改革开放以后，我国学校体育才开始全方位学习和借鉴国外的体育思想文化以及学校体育的先进经验，取得了许多可喜的成就，但是在学习和借鉴的过程中，仍然带有一定的盲目性，指导思想不够先进，存在着重竞技轻普及、重课内轻课外、重尖子轻全体等一些不正常现象。

目前，从整体上来看，我国学校体育教育的思想还较为落后，

而在新的体育思想观念落实的过程中也存在着各种各样的问题，不能够将大学生学习体育的积极性和兴趣完全激发出来。而学校体育思想观念的落后，会直接影响学校体育的改革方向与改革成果的取得，最终导致不利于学校体育人才的培养。因此，随着社会的发展与时代的进步，我们应转变这种落后的思想观念，积极跟上世界发展的形势和潮流，将我国的学校体育教学纳入快速发展的轨道上来。

(二)单调且过于重视竞技的教学内容

目前，我国学校体育教学的内容显得比较单调和贫乏，而且在很多项目上过于重视竞技化。而竞技性运动项目是具有明显的相对独立性特征的，对人的训练要求也是有其特殊之处的。反观学校体育课程的开设是以增强学生的体质，提高其综合素质为目的的，并不是百分之百地追求竞技成绩。从目前学校体育的教学内容来看，竞技项目所占有的地位很重，这就明显妨碍了学校体育完成任务和达到目的。过分追求竞技化必然会导致忽略对学生身体素质发展的重视，陷入程式化训练的误区当中，与增强体质的目的背道而驰。

(三)单一的教学组织形式

在传统教学模式下，学校体育教学往往以运动技术教学为主，学校体育教学在组织形式上往往显得较为单一，与社会的发展仍有脱节。目前，许多学校虽然选用了选修课的形式，但是在内容上仍旧缺乏创新，使得学生感到枯燥无味，在课堂上提不起丝毫的兴趣。这肯定是不利于学生才能的施展的，对于学校体育教学不能不说是一个灾难。

(四)教学计划、评价舍本逐末

体育教学计划、评价是学校体育教学当中的一个重要环节，教学计划是对于整个教学过程进行的安排，教学评价是对教学效果的检测，这两者之间有着紧密的联系，对学校体育教学有着非常重要的作用。但是在实际的学校体育教学当中，教学计划往往只是一个形式，而体育教学评价更是由于设计的考核标准过于重视体育成绩而走向了简单的一刀切的误区。正常情况下的体育教学计划应该根据学生的实际情况来进行制定，体育教学评价也应该根据学生的具体情况来进行详细的分析评价。当代学校体育教学必须要重视学生的个体性差异，关注学生的主观努力和进步幅度，客观地评价学生所取得的成绩，这样才能真正促进我国学校体育教学的发展。

（五）教师主导地位被削弱

在学校体育教学中，由于教育思想的某些方面的积极转变，学生的主体地位得到了提升。但这种转变却有些过犹不及，使得教师的主导地位受到了盲目的排斥。甚至很多人认为为了发挥学生的主观能动性，可以削弱教师的地位，乃至可以取消教师，这种观点是根本站不住脚的。虽然强调学生在学习过程中的主体地位是符合学生认知规律的，但是这离不开教师的重要的引导作用。教师精心的教学设计、精练的教学语言，往往能够深刻影响学生的身心发展，提高学生思维的活跃度。因此，在学校体育教学中应该避免盲目地去追求自主、合作、探究的学习方式，要重视教师的主导地位。其最好的做法就是将学生的主体性地位和教师的主导性地位有机地结合起来。

三、学校体育教学研究工作中存在的问题

从当前的主要形式上看，学校体育教学研究工作并不是一帆风顺的，在这个过程中还存在着一些需要亟待解决的问题。具体来看，这些问题主要为以下四个方面。

（一）研究过程笼统模糊，过于看重研究结果

对于任何课题的研究都要求有稳定的心态和精进的技术。

研究是一项长期的、系统的、以长远利益为出发点的“工程”，对于研究者来说，其所研究的课题可能经过一段时间的付出后能够得出令世人瞩目的结论，但更多的研究者在本领域的研究中尽管付出较多，但研究出的结果较为平淡。这是一种正常现象，但不论所研究出的结果是否轰动相关领域还是仅仅是得出结论的一个铺路砖，它对于该领域学术的发展仍旧具有不可忽视的作用。

对于针对学校体育教学的发展问题的研究也是如此。但通过细心研究和总结发现，目前我国学校体育教学的研究成果并不能让人信服。以一些实验性研究为例，为了得出最终的结论需要设计一系列的实验，而这些实验所需的时间可能为一个月、一学期、一学年甚至多学年，较长的实验时间势必会影响研究者的切身利益。由此，一些研究者开始将实验过程缩短化、模糊化，或是着急将实验得出的结果列为肯定性结论，而忽视了实验普遍性和特殊性的特征。那么由此得到的研究结果必定也会是片面的、不科学的，进而使得这些结果不会得到业界的一致认可。

体育教学是一门科学，它早已不同于以往的粗放式体育教学，而是已经展现出了现代素质教育的新形象。为此，对于这类科学的研究务必要秉承踏实认真、周到细致和稳妥可靠的精神进行，要克服应付和形式主义等思想。而当下的体育教学研究就普遍存在这种情况，这些具体表现在以下三个方面。

(1)研究更加追求急于完成任务。研究者没有务实的作风，过于忽视研究的过程，对研究质量的关注程度不够。

(2)缺乏严谨、细致的科学态度。研究者仅仅将研究工作当作业余工作进行，既不热心参与集体教研活动，也不对相关问题细致钻研，而是过于满足于现状，在业务和教研方面不思进取。

(3)过于看重研究活动的数量，对于研究成果格外追求，重结果而忽略过程，更乐于将精力投入到某些可能会引发轰动效应的研究上，体现出了极大的功利色彩。

通过对上述体育教学研究领域普遍存在的问题的了解后，我们知道要想取得能够让人信服的研究成果，就必须建立严谨、科学的教学研究评估体系。有关学术管理部门也要着手对研究过程加强监督。教研评估实际是一种管理手段，通过这种评估的形式对教研工作进行回顾、判断和论证可以对教研工作起到一定的导向作用，这类作用不可被忽视。

（二）研究环境过于封闭，研究成果欠缺质量

教学研究是以个人或某个特定研究团体为单位进行的专门性学术研究活动。“小环境圈”的研究环境是这类研究活动的特点，但是一些闭门造车式的过于“乐于自我研究”或“小圈子教研”的现象反而会给研究带来负面影响，其中最主要的问题就是造成研究成果欠缺质量。从学术研究可获得的利益来看，小环境的研究氛围固然有它的优势，不过从学术研究的角度上出发，过于缩小的研究环境不利于利用多方合作的集体力量。鉴于目前这种情况，必须要采取一些积极的手段，改变研究者传统的学术研究理念，打破“老死不相往来”的状况，就好似 IT 公司开放软件源代码一样，使教研改往日的小、秘、闭为大、放、开，使教研主体成为发展智慧的熔炉，真正搞出有规模、有质量的研究成果。

对体育教学的研究在当下已经成为一个热门课题。体育教学研究不单单是对体育或对教学的研究，这个学科本身就囊括了与体育和教育有关的众多学科，因此基于这种现状就注定这不是单凭一家或两家合作就能完成的研究，而是应该在除研究主体外还包括不同专业的人士和不同地域或部门之间的共同研究，因此体现出一种千家万户协助一家搞研究的局面。只有通过有效的合作，才能较准确地判断研究的价值与意义，才能获得更理想的研究成果，才能使研究成果的质量获得保证。

（三）理论实践相互脱离，研究成果实用性差

对于学术研究来说，其最终的目的在于能够在实践中得到检验，并能够为人们带来诸多益处。由此可以明确，要想使理论研

究最终获得采纳，就需要在研究伊始将其与实践相结合，这样的研究才能称得上是有意义的研究。

体育教学研究是一种针对体育教学的具体实物进行的研究，其研究的最终目的在于能够让参与体育教学的学生从中获得身心两方面的良好体验，从而对他们一生的发展起到重要作用。因此，对体育教学的研究就是一种实践性很强的科学研究。不过从目前的研究现状来看，对于研究课题的研究与最终的实践效果的前景不容乐观。其表现出的问题在于有些教学研究的针对性较差，本身提出的问题、研究的目的并不是从实践需要出发的，知识盲目众多，而且研究课题普遍跟随热点进行长篇大论，创新性不足。

为了达到较高的实用性，研究的实践价值还会受到样本的特点和研究条件的限制。样本是研究实验中的研究对象，样本的选择要有一定的普遍性和特殊性，但是要注意的是，这种特殊性不能太过极端，不同地域和文化层次的人在实验中都会表现出本质上的不同，如果研究者对这种不同忽略不计，那么可以想象，其所研究出的结果一定不具有普遍性，也就不能成为学界统一的认知。另外，就体育教育研究及其本身的发展规律来看，体育教学研究普遍先于体育教学实践而开展，在此情况下，研究的设计实际上是建立在一种对体育教学未来发展的预判之下，而并不是基于现实存在的事物，由此就需要细致研究这种预判的来源，要求其科学性和合理性，如果不加分析、不考虑体育教学具体特征而只是想当然地构想，那么在落实到体育教学研究中时就会致使理论缺乏生命力。

(四)研究内容创新不足，重复内容研究较多

创新是事物发展的动力。现代社会各领域的创新层出不穷，在体育教学领域中也是如此。为了深化体育教学改革，我国体育教育人苦心钻研、认真学习，力求在素质教育理念的指导下创造出更多、更好、更实用的体育教学事物。重复研究已确定的事物

劳民伤财且没有太大意义。

体育教学在未来的发展道路还比较长远,期间缺少不了众多富有新意的创新。因此,为了能够将创新精神和行为落到实处,就需要体育教学管理部门和一线体育教师在进行教学研究时做到勤观察、勤思考、勤归纳。对教学中发现的一些情况赋予好奇心,对一些问题的研究现状做到心中有数,同时在进行相关研究前的选题过程中要注意避免已有普遍认可结论的课题。

体育教学的创新灵感普遍从教学实践中来,研究缺乏创新可以映射出体育教学中的懈怠思想和不思进取的思想。而在现代学校体育教学中,持这种思想的教师不在少数,这种创新的缺乏主要表现在以下几个方面。

(1)体育教学的研究缺乏新意,即便有些研究设想有一些创新,但从总体上看仍显得创造力不足。

(2)体育教学研究的部门或个人展开的教学研究缺乏或偏离对体育教学改革的正确认识,而是仍旧抱着传统理念搞闭门造车式的研究,不敢于创新。

(3)没有抓准体育教学研究的出发点,研究构思脱离实践需求,研究更流于形式,做表面文章,研究显得“换汤不换药”。

第三节　学校体育教学的发展前景

随着现代社会的发展,人们教育观念的转变,人们对学校体育教学有了更为清晰的认识,学校体育教育的发展也得到了体育界、教育界广大有识之士的重视。同时,人们也认识到学校体育教学有许多不良之处需要改进。经过专家、学者们的不断探讨,学校体育教学的内涵和结构也日渐清晰,对学校体育教学发展前景的预测也更为准确。本节就学校体育教学的发展前景进行研究。

一、学校体育教学发展的基本走向

(一)终身体育作为学校体育教学发展的指导思想

所谓终身体育就是将体育纳入到个人生活之中,使之成为自身生活的一部分,并伴随人的一生。学生终身体育意识的形成、终身体育观念的树立和终身体育能力的养成,都与学校体育教学的发展有着非常密切的联系。

1. 终身体育是现代社会发展的需要

一个人在人类社会生活中个人作用的发挥,具有特殊性,并且这种特殊作用是由体育的特殊功能所决定的,并使人们对体育产生了需求。随着现代社会的快速发展,人类文明的不断提高,社会生产方式发生了很大改变,人们有了更多的闲暇时间来享受生活,无论是在工作还是生活中,人们能够进行大肌肉群的活动越来越少,体力劳动强度降低,与之相反的是由于知识更新速度加快,科学技术水平迅速提高,使得人们必须不断地改善自己的知识结构才能够适应社会的发展,随时调整自己的心态以面对来自各种竞争的压力,所以人们的工作节奏和精神往往都处于高度紧张的状态。一旦缺乏合理调节,就会导致失眠、焦虑、心血管系统疾病、运动系统过早出现退行性变化等问题的出现,致使人们的健康水平下降、工作效率降低。而应对这种由于工作压力加大和活动不足共同造成的结果,最好的办法就是通过科学的体育锻炼来缓解和消除。

社会经济的快速发展也给人们的生活提供了更多的物质条件,现代化、高效率、快节奏的工作方式使得人们的工作时间缩减,而余暇时间大大增加。现代医学的发展为人们的健康提供了更好的医疗卫生保障条件,使人们的寿命得到延长。为了提高生命和生活质量,人们需要体育走进余暇生活,使余暇生活变得更

加丰富多彩，需要通过进行运动活动来放松身心，需要通过体育运动锻炼来增强自身体质，提高健康水平。总而言之，现代社会中各个阶层、各个年龄层的人们都需要进行体育锻炼，由此可见，发展终身体育是大势所趋。

2. 终身体育需要树立正确的观念，形成必要的能力

树立正确的观念，形成必要的能力是学校体育教学的重要任务。树立终身体育的观念需要学生能够正确认识和充分理解体育的价值，对体育有一个科学的态度，这是在学校体育教学的实践中，教师要充分发挥主导作用，来引导学生完成的。终身体育能力的形成是指学生通过掌握体育锻炼的相关知识和技能，养成良好的体育锻炼习惯，掌握体育锻炼效果的评价方法，从而能够自觉坚持科学的体育锻炼，以为走向社会和终身进行体育锻炼打下良好的基础，这也学校体育教学的重要任务。

（二）调整课程目标是学校体育教学发展的重点

体育课程目标是学校体育教学编制的依据，调整课程目标，使之更符合以学生为本的现代教育思想，是当今课程目标发展的共同趋势，它具体表现在以下几个方面。

1. 增强学生体质，提高学生的健康水平

把增强学生体质、提高学生的健康水平作为学校体育教学的首要目标，这是体育的本质属性所决定的。

2. 重视体育知识、技能和方法的掌握

在掌握体育知识、技能和方法的同时，要重视培养学生良好的体育兴趣和爱好。学校体育教学目标的着眼点是未来，培养学生良好的体育兴趣和爱好，是激发学生体育动机的需要。而体育的知识、技能和方法是构成学生体育素养的基本要素，因此具有积极的体育动机和良好的体育素养能为今后学生从事体育锻炼

打下良好基础。

3. 重视终身体育观念的树立

树立终身体育的观念就要注重终身体育能力的培养，养成良好的体育习惯。这些观念是学校体育教学目标改革的指导思想，也是学校体育教学发展的落脚点。终身体育能否实现，在很大程度上取决于这种观念是否树立和能力是否形成，当然也还在于是否养成了经常锻炼的习惯。

4. 注重学生的个性发展

在培养学生个性发展方面，要将以往旧的培养模式摒弃，要重视学生之间的个体差异性，倡导个性化的教育，这是学校体育教学发展的切入点，而学校体育教学目标的重要内容就是要培养学生的创造能力和竞争意识，这也是促进学生个性发展的重要因素。发展学生健康的个性已越来越受到广泛的重视。

5. 重视体育在促进人的全面发展中的作用

作为教育的重要组成部分，体育能够促进人的全面发展，这也是学校体育教学的根本目标。通过进行体育锻炼，在促进学生身心素质发展的同时，也使学生的智力得到发展。此外，还能通过体育对学生进行审美教育和思想品德教育，这也是促进学生全面发展的具体体现。

（三）以教学内容的更新和充实作为学校体育教学发展的突破口

课程内容是实现教学目标的要素，也是实现教学目标的最重要载体。课程内容要适应现代学校体育教学的发展需要具有以下特点。

1. 科学性和逻辑性

科学性是指内容体系的合理性，在学校体育教学课程设计的不同阶段，有与之相适应的侧重点，符合教育的内在规律和学生的身心发育特点。逻辑性是指教学内容内部技能的处理与学生的身心发展规律相一致。

2. 多样性和趣味性

教学内容的多样性是指内容丰富，学生有较充分的选择余地，而不是每个学生都必须学习很多统一的内容。而趣味性则有两层含义。首先是要选用那些受学生欢迎、生动有趣的教学内容，其次是要引导学生认识教材当中介绍的锻炼价值，使学生对教材产生兴趣，并积极主动地学习。

3. 通用性和民族性

通用性是指教学内容具有统一的规范，适用于各种类型的学生，这是现代学校体育教学内容的主体。民族性则是指教学内容中应吸收那些学生喜闻乐见、兴趣浓厚、具有明显地方色彩的民族或乡土体育运动项目。这些内容容易激发学生的学习积极性，从而达到非常理想的效果。

4. 迁移性和灵活性

迁移性是指教学内容内在联系密切，一部分内容的掌握可以为另一部分内容的学习打下基础，从而实现教学内容的可转移化。灵活性是指以“以学生为本”为出发点，使得教学内容有较大的选择余地，不搞同一标准、同一模式，充分扩大学生在教学当中的自主权。这一举措具体到教材上来说，可以突破它的技术框框，根据学生实际和健身的要求，降低技术规格，调整动作结构，改善评价办法，使之易于教学，从而最大限度地提高教学效果。

(四)综合性体育教学体系的建立

学校体育教学的主体是学生，因此评价教学体系的标准是学生的发展程度和对社会需要的满足程度，教学体系的建立必须以

满足学生个体发展的需要和社会需要为前提。实际上学生的个体需要和社会需要是辩证统一的。社会需要从某种意义上来说就是所有个体发展的需要。而从体育的角度来说,学生个体就必须发展成一个融知识、品格、能力和方法为一体的综合性素质结构。因此,学校体育的教学体系就必须有助于学生体育锻炼和身体保健知识的掌握、良好品格的养成、健康个性的发展、终身体育能力的培养和体育方法的训练,这是学校体育教学发展的总体趋势和基本要求。

二、高校体育教学发展现状、对策及趋势

( )高校体育教学发展现状

近年来,我国体育教学改革正在如火如荼地进行,其理念在于打破传统的以竞技体育为主的教育思想和破除教学安排的竞技体育体系,力求将更加有人本主义精神的,以贯彻身体、健康、娱乐、竞技等作为体育教学改革的目标。在这种理念的指导下以及众多有益的改革尝试下,体育教学改革取得了一定的成绩,不过这个成绩与21世纪对人才所提出的“知识、能力、素质全面发展”目标要求相比仍旧有较大差距,改革中遇到的许多弊端限制了教学改革的步伐和进展。由此可见,我国高校体育教学改革正走在正确的道路上,不过这条道路要走很长时间,过程中也一定会经历万千困难。

从高校体育教学的改革需要机遇的现状来看,我国高校体育教学的现状主要可以归纳出以下几个方面。

1. 体育教学目标缺乏准确性

在目前各大高校开展的体育教学中,主要的教学目标仍旧是以让学生掌握某项体育运动技术为目标,如掌握乒乓球、羽毛球或足球技术。其年终考核也是以这些技术的量化指标为标准,显

得非常生硬和单调。这种教学目标过于重视让学生强行接受教学内容,而不花费太多心思在新型教学的创造上,如此就使教学的要求和标准大大降低,并且使体育教学的目标与真正的目标有所偏离,使这个目标缺乏准确性。

2. 教学质量出现下降趋势

前面提到了体育教学目标缺乏准确性的现状,基于此,会使得接受此类体育教学的学生在体育学习领域的积极性不高,学习个性不够突出,仅仅是像生产产品一样接受一致的教学,不能充分体现现代体育的特殊性。新型教育理念要求在教学中体现出以人为本与主动性的双重原则,但在实际的体育教学当中,为追求高效率,尽管体育教师一方面强调要在秉承以人为本的原则下开展教学工作,另一方面在教学实践中只是将这些理念停留在文字和语言上,显得空洞、乏味。学生在接受教学的过程中始终感受不到新意,久而久之也就失去了对体育教学的期待和兴趣,长此以往,必然导致体育教学工作质量的下降,不利于学校体育教学任务的达成。

3. 教师专业水平相对较低

体育教学所涉及的内容很多,其教学环境也与其他学科教学有很大区别,由此可见,体育教学绝不是由一位老师带领学生玩闹晒太阳这么简单。体育教学是一门专业性非常强的学科,想要达到预期的体育教学目标,就需要在教学过程中拥有一位经验丰富的体育教师。现代体育教学的内容中充满了较为新颖、现代的体育运动,体育教师能否率先掌握这些新兴运动项目的技术就成为保证教学质量的关键。

不过从现阶段的实际来看,体育教师的学习速度显然还没有完全跟上新兴运动进校园的速度。现代体育教师的培养方式多为在传统体育教学模式下产生的,一些条件较好的高校还聘请了一些退役运动员担任体育教师的职位。不过,这两类体育教师大

多是技术型和训练型的，他们对自己已掌握的运动技能有着充足的信心，但同时由于他们自小接受单一的体育运动训练，使得他们的文化水平普遍较低，与其他学科教师相比，表现出了明显的科研能力较弱的不足。另外，受传统培养方式的影响，使得体育教师的工作随意性较大，对自己专业以外的体育课程和项目重视不够。

多种不利因素相加，就使得从总体上来看，我国高校体育教师的专业水平较低。他们掌握的知识相对陈旧，教学方法与手段也缺乏创新意识，造成体育教师整体上专业水平的下降，从而严重影响了高校体育教学工作的发展。

4. 硬件设施普遍匮乏

我国是一个体育资源较为匮乏的国家。尽管高校作为我国重要的人才培养基地可以优先获得优质的体育资源，但从总体上看，许多高校所拥有的体育资源仍显现出不足、陈旧等现象。教育改革从总体上增加了高校生源，而高校学生的人均体育资源则保持不变且逐年下滑，如此一来就加大了学生数与体育资源数的反比关系。由此可见，高校场地设施严重缺乏是当下影响体育教学发展的因素之一。

5. 传统教学思想仍起主动作用

我国是教育大国，我国的传统文化中也非常重视教书育人的作用。由此，传统的教育理念也一并留存到了今天。然而，现代教育早已不同于传统教育，这是社会发展到一定阶段所必然产生的现象。如果此时仍旧延续传统教学思想，将肯定会影响我国教学的现代化发展及在未来的发展趋势。

就我国高校体育的教学思想来说，它一直秉承着体育健身的理念开展。实际上这种理念本没有错，然而当素质教育被提出后，仅在乎身体健康的体育教学就表现出了其片面性。它在涉及德、智、体三方面关系的教学实践中过于重视对“体”的练习，忽视了对学生“德”与“智”的培养，这两方面的素质在当下也成为社会所需人才不可或缺的。由此可见，若高校体育教学的实际工作还停留在以竞技项目为主要内容的传统体系的话，将会对未来我国体育教学的发展带来极大阻碍。

（二）高校体育教学发展的对策

在分析了高校体育教学的现状后，就应该根据这些现状中的不足找寻对应的对策予以解决，以寻求促进高校体育教学在未来的发展。具体来看，相应提出的对策措施主要包括以下几点。

1. 确定合理的教学目标

教学目标是各种学科教学必须设定的，它是这个学科教学将要达到的预期效果，没有教学目标，就不存在教学行为。体育教学也是如此，因此体育教学管理部门自始至终都非常关注对体育教学目标的合理设计，如 2002 年教育部颁布的《学生体质健康标准（试行方案）》中指出，“我国大学体育教学的目标即通过对各运动项目理论和技能的学习，了解各运动项目的基本知识，掌握一定的各运动项目的锻炼方法与健身手段，提高学生的整体素质，增强体质，促进身心健康发展，为终身体育奠定良好的基础。”

体育教学目标的制定并不单单是一个摆设和空想的愿景。它必须是一个基于现实学生状况指定的具有一定可操作性和可行性的目标。具体在确定高校体育教学目标时要做到以下两点要求。

（1）将始终以提高学生的身心素质和适应社会的能力作为教学的基本目标。

（2）创立合理、可行的课程结构，并且融合与体育相关的其他学科知识，从而使学校学生的健康知识、自我锻炼意识以及卫生习惯的养成等身心的全面发展得到有效实现，进而使“健康第一”的思想真正地落到实处。

2. 提高教学工作质量

体育教师要注重教学工作的质量，使体育教学成为一项严谨、认真、活泼的素质教育教学活动。为此，体育教师应按照新颁布的《普通学校体育课教学指导纲要》要求，科学制定教学计划，并且根据教学内容情况选择最恰当的教学方法和手段，以使学生对体育的兴趣和需要得到较为充分的满足。此后，体育教学管理部门和体育教师还要注重对体育教学的某段周期的教学监督及周期结束后的评估工作，并且不断改进评估方法，确保体育教学活动开展的有效性。

3. 提高教师的专业水准

体育教师是一线体育教学的直接实施者和参与者。由此可见，作为体育教学主体之一的体育教师对教学活动的重要性。为此，体育教学管理部门需要特别注意提高体育教师的专业水准，力争打造一支优秀的、专业的、高质量的、具有高度负责精神的体育教师队伍。

具体来说，提高教师专业水准的措施主要包括以下两个方面。

(1)加强对在职体育教师的在岗或脱岗培训工作，进一步加强体育教师的专业能力和高度的责任心。

(2)为年轻体育教师提供多种形式的入职培训和在岗培训机会，以提高他们的学历和教学水平服务。

上述方式均提到了对教师的培训和再培训。为了使这些培训能够真正起到提高教师综合素质的目的，就需要培训对他们的知识结构和教学理念进行更新，即首先在理念上跃升到先进的行列中，再以此为基础进行技能方面的培训，最终获得双方面的共同提高。另外，作为一线体育教师，他们在现代的体育教学改革担任着重要的观察者和实践者的角色，为此培训还要倡导体育教师积极投身到教学改革的工作中去，调动他们授课和做学术研究的积极性。

4. 加强硬件设施投入与管理

硬件设备是搞好体育教学的基础。尽管硬件设备不足也能搞体育教学工作,但要搞好体育教学必定离不开优质的体育资源。近年来大幅度的高校扩招使得学生的人均体育资源使用率逐年下降,学校体育经费也出现了捉襟见肘的情况。因此,体育教育管理部门需要对体育资源和经费予以适当增加,为高校配备足够的体育场地和设备。其次,如果不能获得充足资金的话,可着重对已有场地或设备进行完善和翻新,其中特别需要对场地和设备的安全性做重点完善。

在获得或完善了体育场地与设备后,对其的管理也是一门学问。体育场馆与器材在使用过程中会经常出现损坏或衰老的情况,因此为了最大限度地使这些资源保持良好的状态,最大化地发挥它本身的使用价值,就需要有制度化和精细化的管理与保养工作,定期对体育教学物资进行检查,使体育场地设备及器材得到更好的利用。

5. 革新教学思想并落到实处

教学理念的革新不是一朝一夕能够完成的,它需要在体育教学实践中不断积累经验,让实践促进思想进步,与此同时思想的进步也反馈到实践的指导工作中。

体育教学管理部门和一线体育教师应该充当好现代体育教学思想落实的先行者和践行者。现代体育教学思想的先行者要求他们首先转换传统的体育教学思想,首先让新思想充满头脑;其次,他们需要在这种思想的影响下成为该思想在体育教学实践中的践行者,即将思想落到实处,真正应用到体育教学当中,将这种体育教学思想的理念传达给每一个接受体育教学的学生。

(三)高校体育教学发展的趋势

科技的发展带动人类社会的发展。在当今社会中,几乎所有

事物的发展都离不开相应技术的进步。对于高校体育教学的发展来说也是如此，科技的发展带来了更多更为丰富的体育教学方法与手段。当然，体育教学的发展也不能全部依托于科技水平的发展，教学理念的进步是发展的软件，它与科技带来的帮助同等重要。

从高校体育教学的发展过程中可以看出，教育理念是所有教育行为的基础，这就需要高校体育教学部门要重视体育教育理念的转变，具有与时俱进适时转变体育教育理念的意识。具体到体育教师来说，他们不仅要具有良好的体育教学超前意识，而且要有新的人才观、质量观来满足未来学生发展的需求，更应该使学生树立“终身体育”和“全民健身”的体育教育观念和意识。为了适应新时代的发展要求，人们将改变传统的选择教育观为发展教育观，通过体育教学，增强高校学生的身体素质、心理素质以及社会适应能力等，促使其身心的全面发展，培养出适应 21 世纪高科技快速发展的高素质人才。

在新形势下，我国高校体育教学的发展趋势主要体现在以下几个方面。

1. 更加重视发展高校学生的健康素质

众所周知，体育教学及锻炼对增进和保护高校学生的身体健康具有最积极、最能动和最行之有效的作用。学校体育教学也应建立在多维健康观的基础上，全面贯彻“健康第一”的指导思想，深化学校体育改革。

(1)提高学生的体质健康水平

高校体育的本质决定了体育教学必须为提高学生的体质健康水平服务。提高学生的体质健康是学校体育贯彻“健康第一”指导思想最直接的体现，是提高学生整体健康水平的基础。提高学生的体质健康不仅是他们在学生阶段完成学业的需要，同时也是他们终身健康的需要。

(2)提高学生的心理发展水平

心理发展水平包括心理健康水平和心理素质水平。心理发展水平和人的生理健康密切相关。一个患有心理疾病的人是不可能有一个健康身体的。对于学生来说,心理疾病往往要比生理疾病的影响更为严重和深远。在我国的社会主义市场经济中,随着社会各个领域的竞争越来越激烈,对人的心理发展水平的要求也越来越高。因此,提高高校学生的心理发展水平具有重要意义。

(3)提高学生的社会适应能力

一个人能否处于良好的健全状态,关键取决于他的社会适应能力。从社会文化的视角来看,体育的实质是对社会生产和社会生活的一种模拟。因此,有人把体育课堂称之为"课堂社会",把体育精神视为现代社会精神的缩影。因此,重视学校体育对提高我国高校学生的社会适应能力十分重要。

2. 更加关注向高校学生灌输"终身体育"的意识

在深化学校体育改革实践中,广大学校体育工作者深刻地认识到,传统的学校体育比较关注增强学生体质的近期效益,而对培养学生的体育意识、兴趣、习惯和能力重视不够,要使学生终生享有健康,就必须让体育伴随其终生。

因此,学校体育既要重视近期效益,又要重视长远效益。加强对学生进行终身体育的教育,培养学生的终身体育意识,使其养成经常锻炼的习惯,掌握科学健身的知识与方法,具有独立进行科学锻炼的能力。进入21世纪后,新一轮的基础教育与高等教育的体育课程改革,更加强调要对学生进行终身体育的教育。

3. 加强体育教学的选择性与层次性

(1)体育课程管理体制的改革为学校体育的选择性创造了条件

传统的体育课程与体育教学,基本上是实行统一管理的办

法：由国家统一制定和颁发《体育教学大纲》，规定统一的教学目标，统一的教材内容、教材比重与时数分配，统一的考核项目，统一的评分标准。各地各校对体育教学的选择性只局限在“选修教材”中，且对“选修教材”的实施也有诸多规定。

由于我国幅员辽阔，经济与教育发展不平衡，因此我国试行了国家、地方和学校三级课程管理体制。在课程管理方面，国家只制定课程标准，提出课程目标，对课程内容不作硬性规定，采取开放与放开的做法，对课程进行宏观管理。具体课程标准的贯彻实施、达成方法、内容设置等，完全由各地、各校根据实际需要和条件自行选择。

(2)层次性将成为体育教学中贯彻区别对待的重要方法

由于我国教育基本上都是采用大班教学，一个教学班少则四五十人，多则六七十人，要完全实施个性化教学目前尚有一定的困难。因此，根据个性化教学的基本思想，采用分层次教学成为体育教学实践中实施因材施教、区别对待的重要形式。

分层次教学是根据学生的身体条件与运动技能，把一个教学班的学生分成若干个层次，按层次确定学习目标和评价方法，采用不同的教学策略，以保证绝大多数学生都能完成课程学习目标。

(3)高校体育将呈现出地域特点与学校特色

由于加大了体育课程的选择性，各地高校只要遵循《课程标准》规定的“选择教学内容的基本要求”，就完全可以根据自己所具有的课程资源、地理条件、气候特点、体育传统等，自主选择体育课程内容与课外体育活动及课余训练内容，因此，学校体育呈现出鲜明的地域特色与学校特色。

4. 高校体育的课内外与校内外一体化

高校体育教学逐渐走向课内外与校内外一体化，主要体现在以下几方面。

(1)大课程观的确立

课程是为实现课程目标在教师组织指导下一切课内外活动的总和。大课程观的确立为学校体育走向课内外与校内外一体化奠定了理论基础。

新一轮的体育课程改革是“从大课程观出发，将体育的课堂教学与课外、校外的体育活动包括运动训练纳入课程之中，形成课内外、校内外有机结合的课程结构”。因此，各类学校及体育教师实施新的体育课程，必须认真搞好课堂教学、认真组织好课外与校外的多种多样的体育活动，以满足高校体育教学的需要。

(2)增进学生健康的需要

研究表明，当“国民经济发展到一定水平，人的体质健康某些指标呈下降趋势。”而“与体质健康相关的某些人体生理指标的提高，必须要有一定锻炼时间、量和强度的积累”，如果每周体育活动的总量仅限于几节体育课，那么，体育教学提高学生生理机能的作用将十分微小。《中共中央国务院关于深化教育改革全面推进素质教育的决定》指出：“学校要树立健康第一的指导思想，切实加强体育工作”“确保学生体育课和课外体育活动的时间。”要贯彻落实学校教育与体育课程的“健康第一”的指导思想，有效地增进学生的健康，增强学生体质，学校体育就必须走课内外、校内外一体化的整体改革和发展道路。

(3)课程资源的开发和利用

为了适应“课内外、校内外有机结合的课程结构”的需要，必须充分开发和利用体育课程资源。

首先，就人力资源而言，除体育教师外，班主任、辅导员、有体育特长的其他学科教师、校医、共青团与学生会的干部，以及体育特长生等，都将被动员起来，充分发挥他们在学校体育中的作用。

其次，就课程时间和空间而言，首先，除课程计划规定的教学时间外，早晨、课间、课外、双休日、节假日的时间，也将得到合理

的利用；其次，体育课程将拓展到家庭、社区、少年宫、业余体校、体育俱乐部，以及江河、湖海、田野、山林、草原等一切可以用来进行体育锻炼的地方，为学校体育冲破课堂与校园的束缚，实现课内外、校内外一体化提供可能性。

5. 高校体育朝着多样化的方向发展

(1)学生个体体育需要的多样性

在高校体育教学实践中，不同的学生具有不同的体育需求，同一学生的体育需求也是多种多样的，如健身需求、健美需求、娱乐需求、发展体育特长的需求、调节身心的需求等。因此，高校体育教学应顺应和满足学生个体体育的多样性需求。

(2)学校体育内容形式的多样性

为了满足学生不同的、同一学生不同的体育需求，学校体育的内容必将朝着多样化的方向发展。具体如下。

①开设个体健身类的体育项目，如健美运动、健身操、越野跑、长走、山地自行车等。此类项目可个人进行锻炼，受制因素少，校内校外均可进行，简便有效。

②开设反映时代特征的现代体育项目，如足球、篮球、跆拳道、攀岩、体育舞蹈等。此类项目极富挑战性，发展学生个性，满足学生实现自身价值和加强社会交往的需求。

③开设休闲体育项目，如网球、台球、保龄球、乒乓球、羽毛球、游泳、冰雪运动、轮滑、滑板等。此类项目娱乐性强，技术含量高，能满足学生愉悦身心的需求。

④开设民族民间体育项目，如武术、跳绳、跳方格、跳皮筋、跳竹竿、踢毽子、荡秋千、爬竹竿等，扩大学校体育资源与体育课程资源，以满足学生健身、娱乐等多种需求。

(3)学校体育组织形式的多样性

目前，学校体育组织形式主要朝着以下几种类型发展。

①体育俱乐部

体育俱乐部将成为高校体育的重要组织形式。为适应学生的不同体育需要，高等学校将根据自身的条件，组织多种多样的体育俱乐部，以满足大学生的健身、健美、娱乐、发展学生体育特长、提高运动技术水平的需要。

②体育社团

学校体育社团由学生自己组织、自主管理、自由参加，一般由学生会、团委出面发起组织，学校体育教研部（室、组）支持和指导，大都以单项体育协会的形式出现。学生根据协会章程，自愿报名参加，交纳一定的会费，民主选举管理人员。另外，一些全国性的综合体育团体，如全国大学生体育协会，主要任务是负责组织相同级别的学生体育竞赛。这些体育团体能有效地提高了学生参与体育活动的积极性。

③非正式学生体育群体

非正式学生体育群体多是以共同的体育爱好为基础自发建立起来的，以直接的、面对面的、相对固定的角色互动来进行活动，成员之间年龄相近，彼此之间并不存在正式的控制手段。如引导和运用得法，这些非正式学生体育群体将为学校体育注入新的活力。

三、高校体育教学改革现状及发展对策

（一）高校体育教学改革的内容

体育教学所包含的内容较为广泛，而高校体育教学改革的主要对象就是体育教学内部的各个组成部分。因此可以说，体育教学的构成部分就是改革的内容。具体来说，这些内容主要包括以下几个方面。

1. 体育教学思想

体育教学思想，是指体育教学指导思想、教学原理以及与相关事物的矛盾关系等。体育教学思想能够解决体育教学改革中带有根本性、方向性的问题，对体育教学具有指导性作用。

因此，可以说正确的体育教学思想是培养未来能够适应自身和社会需要的、各种各样的体育人才的基础。

2. 体育教学课程

在新时期，体育教学课程改革作为我国高校体育教学需要解决的核心问题，必须要与素质教育的要求相适应，并积极建立新的课程体系内容，在开展必修课的基础上，开办一些选修课，必修课与选修课、理论课与实践课的比例要合理。

3. 体育教学内容

体育教学内容是以学校体育教育的目标和任务及学生的实际情况为主要依据，对体育教材内容安排和选择进行分析和研究，并着重解决好学校体育课程教材内容针对性、实效性和科学性等方面的问题。

教学内容是高校体育教学改革的重要方面之一。

4. 体育教学方法

目前我国学校体育教学的方法仍然以传统教学为主，大部分教师依然采用“讲解示范—学生练习—纠正错误—学生再练习”的单一教学方法。这种教学方法的运用，不仅对学生体育学习主动性和积极性的培养是不利的，而且对教学效果的良好发挥也非常不利，因此体育教师应该积极探索适合学生发展的教学方法，从而使教学方法能够适应现代社会和学校学生身心发展的需求。

5. 体育教学管理

体育教学管理工作是我国学校体育教学改革的重要内容，它包括的内容有很多，其中最主要的是体育教与学辩证关系的研究、合理的课堂教学和课的结构研究、教师的主导与学生的主体作用之间的协调等问题的研究，这样能够使学校体育教学与教学发展的基本规律相适应。同时，还应对体育教学的一些常规制度进行积极的研究，积极解决建立日常正常的体育教学秩序的管理等问题，以使得学校体育教学走向合理和规范化的道路。

（二）高校体育教学改革的现状研究

近年来，为了顺应形势的发展，我国教育部门开展了积极的教育改革论证工作，有些已经进入到实践阶段。体育教育改革作为其中较早开始施行的一项，自然就扮演了这场教育改革的先锋者的角色。在改革的影响下，各级学校都开始了积极的探索和尝试，高校体育教育也步入到了新的改革阶段。但是随着改革的进行，在过程中也出现了不少问题，这些问题普遍存在于改革的进程中，并制约着改革的进行。与此同时，改革的目的也是为了解决这些问题。

1. 落后的体育教育观念

在我国，高校体育教育是培养大学生掌握必要体育知识和技能的教学行为，它不仅要使学生学习到上述内容，更重要的是让学生能够在日后地对这些内容的学习运用在必要之处，如掌握良好的健身方法等。但现状是，我国高校体育教育的观念仍然比较落后，基本还停留在传统的对体育技能的教与学。这点从年末的量化体育考试标准中就能看出。教学仅是按照大纲和教材的要求进行，对于关于体育教学的引申内容则几乎没有涉及，更没有将“终身体育”的教育理念等落实到实处，这对我国体育事业的发展和学生个人都产生了不利的影响。

同时，“以教师为中心”的教学模式，导致学生一直处于被动的学习状态。在体育知识的传授过程中，常常是通过教师的讲解和示范，“基础知识、基本技术、基本技能”三基的教学仍旧是学生学习和掌握的重点，这种模式在很大程度上忽视了高校学生思维能力的培养。

2. 体育教材指向不明

研究发现，我国高校体育教育并没有完全统一的教材。各高

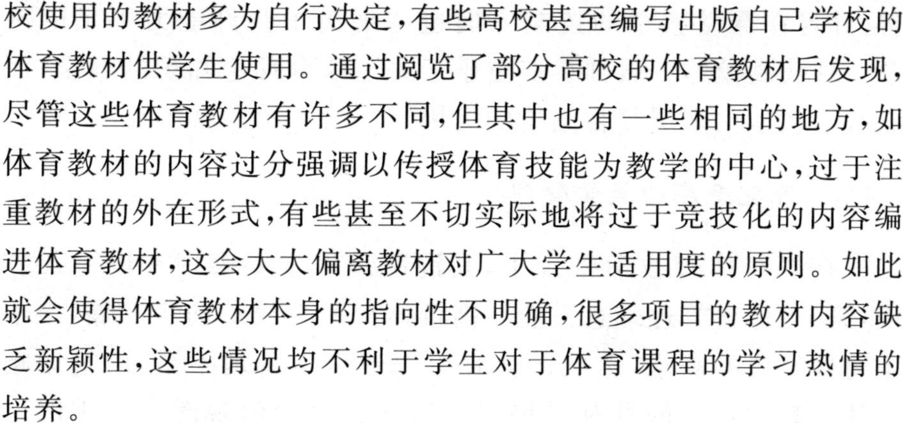

校使用的教材多为自行决定，有些高校甚至编写出版自己学校的体育教材供学生使用。通过阅览了部分高校的体育教材后发现，尽管这些体育教材有许多不同，但其中也有一些相同的地方，如体育教材的内容过分强调以传授体育技能为教学的中心，过于注重教材的外在形式，有些甚至不切实际地将过于竞技化的内容编进体育教材，这会大大偏离教材对广大学生适用度的原则。如此就会使得体育教材本身的指向性不明确，很多项目的教材内容缺乏新颖性，这些情况均不利于学生对于体育课程的学习热情的培养。

3. 单一的教学内容与方法

在我国，多年的教学活动逐渐形成了一套教学行为规律，这个规律一直秉承着“讲解、示范、练习、预防与纠正错误、巩固与提高”的教学模式和方法。在很长一段时间内，这种模式确实被证明是最为有效的教育流程。但是随着社会的发展以及新型教育思维的涌入，这种延续多年的教育流程显然已经跟不上时代变迁的需要了。如果仍旧不寻求变革，继续沿用的话，势必使学生始终处于被动的学习状态，不利于学生体育学习积极性的提高、个性的良好发展以及创造性的主观能动性的发挥，从而阻碍了体育教学整体效果和水平的提高。

4. 师资力量有待提高

体育教师是体育教学运动主体之一，是体育知识和体育技能的传授者。因此，在体育教育的各个环节中，体育教师的作用都是非常重要的。可以说，高校体育师资力量的水平和能力直接影响着高校体育教学的质量。因此，良好的师资水平一直是我国高校体育教学发展的重要力量，为推动我国体育教育事业的发展有着不可估量的贡献。

经过调查发现，当前我国高校的体育师资方面存在着很多问题和不足之处。例如，高校体育教师的专业知识水平有下滑的趋势，并且在课堂教学的控制方面也体现出了些许能力不足的迹象。现代高校体育教师普遍更乐于关注体育理论知识的教学，而忽视了教学中多层复合结构的运用。

5. 混乱无序的教学管理

在高校体育教学管理中，其混乱无序主要表现在以下几方面：第一，体育管理理念没能与高校体育教学改革同步发展，跟不上时代发展的需求，造成的体育组织建设与管理不足，严重影响了体育教学工作的顺利进展；第二，在体育价值观念上认识的欠缺，不利于提高体育教学的地位；第三，在体育评价内容上，很多高校体育教师比较偏执于技能教学，在评价方式上不注重学生的自评与互评作用。此外，在高校体育教学中，场地设施的缺乏，使体育教学已经跟不上教学改革发展的步伐，从而严重阻碍了体育教学质量和水平的提高。

（三）高校体育教学改革的发展对策研究

1. 转变体育教育理念

在新时期高校体育教学改革发展形势下，体育教育要想实现素质教育，就必须改变以往的“知识型”人才的培养，走向“创造型”人才培养的道路，树立全面育人的教育观念和意识，着重培养和提高高校学生的综合素质和能力。

在高校体育教学改革发展中，主要应注意以下几点。

(1)为了适应现代体育快速发展的需要，必须对高校学生进行综合素质的教育，如身体健康教育、思想观念、体育技能以及娱乐等方面。

(2)树立三维综合的体育教学评价体系。这就要求在进行评价时，除了提高学生的生理机能外，还要从学生的生理、心理和社会适应能力等方面来进行综合评价。在体育教学改革中，还要充分考虑学校体育教学的内容、方法和教学目标等内容，从而使得

体育教育获得综合的、全方位的教育效益。

(3)树立学生的终身体育观念。在高校体育教学改革进程中,要以终身体育意识作为出发点,通过改革不合理的体育体制,进而完善体育教学的整个过程,从而培养高校学生的"终身体育"的意识,使他们最终树立终身体育的观念和意识。

2. 教学内容与时俱进

在体育教学内容的合理运用中,主要应把握以下几方面。

(1)因材施教。尊重学生之间个体的差异性,如学生的身体条件、兴趣爱好和运动技能等方面,从而制定出适合不同学生发展的教学内容。

(2)以学生为主体。教学内容要适应社会发展和学生身心发展的需要,科学地培养学生"终身体育"的意识。

(3)设计出合理的体育教学内容。设计的出发点应以学生的身心发展为中心,要在发挥体育教师作用的同时,提高学生参与体育学习的兴趣,培养他们的积极性和主动性。

3. 制定严格的教学管理制度

教学管理是研究日常有关体育教学的常规制度,调动积极能动性解决建立正常的教学秩序的问题,使学校体育教学更加科学化、规范化和现代化。

在当今社会,学校体育教学工作的科学化管理要得到加强,就必须引进和运用现代化管理方法与手段,使得学校体育教育过程更加规范,有效提高体育教学工作的质量和水平。

4. 教学方法注重理论结合实际

在我国高校体育教学过程中,目前"重实践,轻理论"的教学方法已经不适应体育教学改革的发展,因此应积极转变这种落后的思想观念,将理论知识和教学实践密切地结合起来,在区别对待的同时,更应该强调二者的统一和发展。

理论方面，体育教学的内容要与体育教学的目标相符合，在正常的教学过程中，应适当加大体育理论知识课的时数，并纳入知识考核范围，争取建立一个科学的、实用的教学效果评价体系。

实践方面，在教学实践过程中，要注意学生的身心发展特点，选择符合高校学生身心发展和锻炼价值高的运动项目。同时，体育教学方法要科学，并具有创新性，在学生学习过程中应鼓励进行学自我能力教学，为探索新颖的体育教学方法作出努力。

5. 师资队伍建设需加强

在体育教学过程中，师资队伍的建设要格外引起学校体育部门方面的重视。可将一些创新能力较强的体育教师的知识、技术水平和思维引进到体育教学课堂上来，在体育教学的各个环节加以推广和渗透，从而培养学生在体育学习中的思维创新能力。

在体育教学的过程中，体育教师应该具备多种综合素质和能力，优秀的体育教师应该身心健康、人格健全、专业知识丰富、富于创新精神和能力。这些素质会影响高校学生的学习和发展，并且对高校体育教学改革也有着重要意义。

第三章
体育教学工作组织与管理的基本理论

良好的体育教学工作的组织与管理是体育教学质量的重要保证，也是体育教师的能力要求。体育教学工作的组织与管理涉及多方面的内容，各方面都应得到妥善的处理。

第一节 体育教学组织与管理概述

一、学校体育组织与管理的基本原理

学校体育组织与管理的基本原理有多种，如人本原理、系统原理、责任原理、动态原理等方面。充分认识这些原理对于体育教学组织与管理具有重要的促进作用。

（一）人本原理

1. 人本原理概述

人本原理注重人的积极性的调动，在体育教学组织与管理中，应注重以人为本。在管理过程中，注重人的各方面需要的满足，促进人的全面发展。

高校体育教学改革要充分体现人本主义观念，即以人为本，要对每一个学生的需求都表示足够的尊重，要对学生的兴趣和

动机选择给予充分满足，并实施分层教学，具体要以学生运动技术能力的个体差异为依据进行，鼓励学生坚持学习自己感兴趣的体育课程，对学生的体育潜能不断挖掘，从而不断实现更高的体育教学目标。

在管理系统中，人是管理活动的核心，各项管理手段的运用最终会作用于人，通过人来发挥其相应的作用。因此，在体育教学中，应注重人的能动性的发挥。

2. 人本原理在学校体育教学组织与管理中的应用

在学校体育教学的组织与管理系统中，人本管理原理的应用就是研究和解决如何体现以人为本的思想，使人性得到最完善的发展的问题。具体来说，人本原理在学校体育教学组织与管理中的应用主要通过以下管理原则表现出来。

（1）行为原则

行为是人们思想、感情、动机、思维能力等因素的综合反映和外在表现。意识是人们的内在行为，动作是人们的外在行为。人的动机支配着人的行为，而人的需要又决定着人的动机。行为原则，就是对人的需要与动机进行了解，以人的行为规律为根据来进行管理。对行为原则进行贯彻，必须对人的心理反应进行了解，使人的动机得到激发，以便人的心理适应性得到提高。

（2）动力原则

在体育教学组织与管理中，应运用各种动力，激发学生进行体育的学习。没有强有力的动力，其他原理、原则的效能就会受到制约，人的积极性就难以发挥。如果有了动力，要是运用不当，也会影响系统的功效。

动力有很多种，包括精神上的和物质上的。所谓物质方面的动力，就是指奖学金，通过发放奖学金来激励学生进行学习。精神动力则是指运用精神的力量来激发人的积极性，保持对学生的尊重和关心，帮助其建立远大的理想等。

（二）系统原理

1. 系统原理概述

系统原理的重要理论基础是整体效应观点。所谓的系统原理就是通过对系统理论的运用，细致地系统分析管理对象，从而使现代科学管理的优化目标得以实现。塔朗菲认为：因为新的有机整体的形成是系统各要素合理的排列组合的结果，伴随着新整体的构成，新的功能、特性和行为等得以出现，即具有了各要素在孤立状态下所没有的性质，产生了放大的功能，即产生了“1＋1＞2”的效果，因此系统的整体功能之和可以大于各要素在孤立状态之和，且功能的放大程度与系统的规模成正比，即系统规模越大，结构越复杂，系统功能就可能越大。

2. 系统原理在学校体育教学组织与管理中的应用

系统原理要求管理者在学校体育教学组织与管理中必须遵循以下管理原则，以促进学校体育教学组织与管理工作的顺利、高效完成。

(1)“整—分—合”原则

“整—分—合”原则可以简单地概括为整体把握、科学分解、组织综合。遵循“整—分—合”原则要求管理者应做到以下几点。

第一，要树立整体观点。扩大整体效应，实现整体目标是最终目的，但其大前提是整体观点。

第二，正确分解，要明确分解的对象。分解不是对管理功能的分解，而是对管理工作的分解，分解要围绕着目标进行。管理功能要求人、财、物等要素统一，其中任何一个要素被肢解，都会导致管理的无法进行，因此必须抓住分解这一关键。

第三，重视分工与协作。分工是非常重要的，但它不是目的，还必须进行强有力的组织管理，使各环节同步协调，有计划按比例地综合平衡，既分工又协作才能提高功效。分工要搞好，协作也要搞好，这是对整分合原则进行贯彻的要求。

(2)相对封闭原则

相对封闭原则是指任何一个系统内的管理手段必须形成一个由连续的相对封闭的回路构成的完整的管理系统，进而才能形成有效的管理运动。一般来说，管理系统存在着两大基本方面的关系：一是本系统内部各要素之间的关系。二是它与外部相关系统之间的关系。学校体育教学组织与管理系统内部形成有效的管理运动，必须使系统内的管理手段、措施构成一个连续的封闭回路。不封闭的管理，即使某个环节管理得再好，也不能保证管理系统内的正常运转，无法实现学校体育教学组织与管理系统的整体效应。

(三)动态原理

1. 动态原理概述

动态原理是对管理对象的变化情况进行及时把握，对各个环节进行不断调节，以使整体目标得以实现的规律概括。任何一个管理目标的实现都是不易的，因为人、财、物、时间、信息等管理对象是不断变化的，处在不断发展的过程中，随着管理对象的变化，计划、组织、控制、协调等各个环节也必须相应地进行变化，以对管理对象的变化进行动态地适应，从而使管理目标的实现得到保证。

2. 动态原理在学校体育教学组织与管理中的应用

(1)保持弹性

管理系统受多种因素的影响，各因素之间的关系也具有复杂性，在管理中对所有问题的各种细节进行正确把握是很困难的，因此在管理过程中必须留有余地，保持一定的弹性，以适应客观事物各种可能的变化，保证管理活动的正常进行，这就是弹性原则。在管理中如果弹性较小，其原则性就较强，适应能力就相对

较弱;如果弹性较大,其适应能力就较强,适应环境就较快。因此,弹性大小的确定没有一个绝对的标准,要主要以不同的管理层次要求、不同的管理对象和不同的管理目标为主要根据。一般来说,管理弹性可以分为局部弹性和整体弹性,也可以分为消极弹性和积极弹性。在学校体育教学组织与管理实践中,既要注意局部弹性,又要注意整体弹性,要采取遇事“多一手”的积极弹性,避免遇事“留一手”的消极弹性。

(2)重视反馈

系统把信息输送出去,又将其作用结果反送回来,并对信息的再输出起到调节控制的作用就是反馈。重视通过反馈来控制管理过程具体是指通过信息的反馈,对管理者未来行为进行控制,使行为不断逼近管理目标的过程。只有通过不断的反馈,才能促成管理目标的实现。

(四)竞争原理

现代社会竞争无处不在,在竞争的过程中,人们不断取得自身的进步。对于体育运动来说,竞争更是其突出特征,在体育教学组织与管理中处处存在竞争,时时有竞争。有竞争就有压力,有压力就要奋斗,就要拼搏。实践证明,竞争可以激发个体的工作热情,激发个体的进取精神,充分挖掘个体的潜能,从而能够促使个体创造性地工作,去克服各式各样的困难;此外,竞争还可以使组织集体充满生机和活力、促进内部团结、增强团队凝聚力。

在学校体育教学组织与管理过程中,应用竞争原理应注意以下几个问题。

其一,竞争的同时应相互交流、提高。竞争原理强调竞争过程中的互相交流和互相提高。增进参与人员之间的友谊、团结与合作,并培养其团队精神是任何体育竞争的行为的目的。

其二,评价或制裁要公平、公正。竞争和评价、制裁是同时存在的。评价或制裁的标准应采用定性和定量相结合的方法,尽量采用定量,标准要做到公平、公正,只有这样才能保持竞争的良性

循环。

二、体育教学工作组织与管理的具体内容

(一)体育教学过程管理

体育教学组织与管理的目的在于提高教学质量,保证体育教学目标的实现。合理的体育教学组织与管理有利于教学秩序的稳定和教学质量的提高。体育教学组织与管理主要包括以下方面。

1. 体育教学计划的组织与管理

体育教学计划是体育教师根据相应的体育教学文件以及学校的体育教学工作而制定的准确的体育教学文件。体育教学计划主要包括学年教学计划、学期教学计划、单元教学计划和课时教学计划。体育教学计划是体育教师根据国家的教育方针和《体育(与健康)课程标准》,通过结合本校的实际制定的体育教学工作文件。学校的体育教学计划是教师开展各项教学活动的重要依据,一般对其的管理包括三方面的内容:对制定体育教学计划的管理、对实施体育教学计划的监督和调控、对体育教学计划的执行状况进行考评。

2. 体育课堂教学的管理

体育课堂教学中,教学组织形态的选择对教学效果具有重要的影响。良好的体育教学组织形态能够促进学生的人际交流,激发学生的学习心理,并符合教材的特性。

各项体育教学活动多是以课堂教学的形式开展起来的,课堂教学是体育教学工作的重要组织形式。对体育课堂教学的管理是学校体育教学组织与管理的中心环节,对其的管理的主要内容包括:确定班级形式、编制教学课表、制定课堂常规、备课与上课、

体育课成绩的管理等方面。

(1)确定班级形式

在体育教学过程中,班级是其基本组织形式,各项体育教学活动都是以班级为单位而开展的。编班和班额对于保证体育课教学质量具有十分重要的作用。编班方式应根据学校的体育设施条件和师资力量情况进行,还可采用俱乐部教学形式,还应根据具体的项目特点来确定班额。体育教学的班级编制多种多样,可把一个年级的学生班制为若干个班级,也可将两个班级编制为一个复合式班级。另外,可根据学生的运动水平、运动兴趣以及性别等标准来划分班级。

除了班级教学的教学组织形式之外,分组教学也是重要的教学形式。分组教学是将班级分为若干个小组,教师根据小组的特点进行相应的教学指导。分组教学又可分为同质分组和异质分组。所谓同质分组是在分组之后,同一小组内的学生在体能、技能和兴趣爱好等方面大致相同。所谓异质分组则是将不同体质、运动水平的学生分为一组,便于两组之间开展竞争。

(2)编制教学课表

编制教学课表提高教学质量和教学效果具有重要的意义,在编制教学课表时,应注意体育课之间的时间间隔,并合理分配相应的场地和器材。在教学实践过程中,为了弥补教学场地和器材的不足,可将同一进度的班级分别排到不同的时间进行相应的教学活动。

(3)制定课堂常规

课堂常规是体育教学组织与管理的重要依据,对于师生的教学活动具有一定的约束和规范的作用。良好、规范的课堂常规有助于形成良好的课堂教学秩序,对于教学活动的开展以及学生良好的思想品德的形成等都具有良好的促进作用。课堂常规是多方面的,包括道德常规、秩序常规、人际常规、安全常规和学习常规等内容。

制定规章制度是体育课堂教学组织与管理的重要手段,对体育课堂纪律的维持具有重要的作用。它可以维护体育教学的和谐关系，也可以保证体育场地器材的正确使用，并为每个人提供了体育教学日常的行为规范。

规章制度的合理制定是前提，严格执行是根本。这就要求规章制度在制定完成后不能只是应付检查的一本资料，更重要的是要将制度中规定的要求在课堂教学中严格对照实行。所以，在制定规章制度时，应特别注意以下几个方面的要求。

①规章制度应具有合理性。在制定规章制度时要考虑到学生的年龄和能力，要能被学生所理解和接受。在体育课中的安全制度的制定是非常最重要的。

②规章制度应具有可实施性。制定的规章制度必须是可操作的，能够贯彻和执行的。

③规章制度应具有一致性。体育教学中的每项规定必须明确，如“无论什么季节，不许戴帽子上课”。

④制定的规章制度要力求简洁明了。规章制度不能模棱两可，而应该清楚地说明做什么，该如何做。

(4)维护课堂秩序

①体育课应建立明确的规范和学习常规。为保证体育课堂教学的有效性，体育教师应该给学生建立一个明确的规范和学习常规。体育教学常规必须要符合学生和学校的实际，并具有教育性。

②学生应严格遵守课堂常规。体育规章制度制定后，学生应严格遵守教师制定的课堂常规。体育教师应注意不能意气用事，而应根据规范采取行动。体育教师应合理使用指导与指令。在体育课堂上，体育教师应合理使用指导与指令，能够明确地指导学生应该做什么，不应该做什么。体育教师能够清晰准确地为学生提供体育学习的具体目标、内容、方法等方面的信息。使学生对学习什么，如何学习等都有一个较为清楚的认识和了解。

③体育教师应慎用和巧用批评方式与惩罚手段。在体育教学中，批评和惩罚手段具有一定的促进学生学习和加强体育课堂

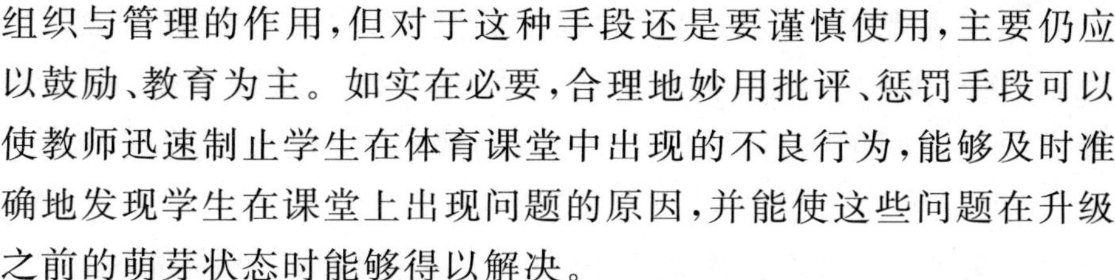

组织与管理的作用，但对于这种手段还是要谨慎使用，主要仍应以鼓励、教育为主。如实在必要，合理地妙用批评、惩罚手段可以使教师迅速制止学生在体育课堂中出现的不良行为，能够及时准确地发现学生在课堂上出现问题的原因，并能使这些问题在升级之前的萌芽状态时能够得以解决。

④体育教师应善于集中学生的注意力。在体育课堂教学中，体育教师要能够将学生的注意力集中在相关的学习内容上，在体育教学活动转换的过程中，体育教师能够及时准确地发出信息，使学生能够更好地明确体育教师的意图，跟上体育教学的进度和安排。

(5)体育课成绩的管理

在对体育课的成绩进行管理时，体育教师应对体育成绩的考核形成正确的认识，将相应的考核作为提高教学效果的重要手段，并制定科学、合理的考核体系，对学生的学习进行客观的考核。在考核中应重视学生平时学习态度的评价；处理好病伤学生的缓考与补考以及残疾学生的免考；做好及时登记、计算、汇报成绩等方面的工作；为改进考核内容、标准、办法提出意见或建议。

3. 体育教学质量评估

在对教学质量进行评估时，应根据一定的质量标准对体育教学的质量及其优劣进行评价。通过对教学质量和教学效果进行评估，有助于体育教学的管理者更加科学、全面地了解体育教学工作开展的实际状况，对于教学质量的提升并为相应的方针政策的制定提供科学合理的依据。针对体育教学质量进行的评估是多方面的，具体可分为领导评估、专家评估、校际评估、自我评估和受教育者评估等多种类型。

4. 意外伤害事故管理

在现代体育教学实践中建立风险处理机制，能使体育教学始终能够在安全的基础上进行，具体来说，学校应根据风险可能发

生的几率和严重程度做出不同程度的判断，建立可靠的风险处理机制，将可能发生风险的因素降到最低。如果风险发生，那么将要在第一时间把事件的负面影响降至最低，防止事态的进一步升级，以保证体育教学的顺利有序进行。

一般来说，风险由客观事物和人为主体构成，具体如下。

(1)客观事物构成的风险：主要是指体育教学周边环境所带来安全隐患的风险。例如，在每堂体育课程开始之前，体育教师、场地或器材的管理人员要对所用器材进行全方位的检查，如篮球架是否牢固、单双杠是否结实、场地周边是否有障碍物或利器等。

(2)人为主体构成的风险：主要是指由于学生安全意识不强、身体状况不适、对于所学运动技能的掌握不扎实等导致的运动中出现错误动作而引发受伤等安全隐患的风险。例如，学生在体操课上练习倒立动作，由于没有掌握正确的保护动作而使颈部重重着地，造成严重的颈部伤病，或在足球运动中运用不正确的铲球动作导致手腿部损伤等。

在对人为伤害进行管理时，应强化“预防为主，安全第一”的思想意识，在此基础上采取各种有效措施，确保将各种安全事故的发生率降到最低。另外，在相应的事故发生时，还应做好意外伤害事故的现场处理及管理。和其他学科的教学内容不同，体育教学的主要授课内容几乎全部是以身体运动为主。因此，在体育教学过程中，应加强对学生的安全管理，对学生的每一种行为都要严格观察，随时排除风险隐患。

体育教学活动中的意外伤害事故的预防措施主要包括：确保教学活动的各项场地设施和设备符合国家相应的安全标准，学校应采取相应的监督措施，确保教职工能够采取相应的措施预防和消除可能造成学生人身伤害的危险。学校还应建立健全各项管理和保护学生安全的各项规章制度，并且应保证各项规章制度能够得到严格的执行。另外，在开展相应的体育运动竞赛时，还应制定严格的安全检查流程，确保各个环节的安全。

在发生意外伤害事故时，应进行正确的判断，并做出及时的

应对和抢救措施，还应做好相应的通报和信息发布工作，稳定师生和家长的情绪，并从源头上消除谣言传播的可能性。

（二）体育教学的课程管理

我国的体育课程管理实施三级管理体制，即为国家、地区和学校三级管理。在三级管理体制下，不仅有助于国家对体育教学工作的宏观筹划和管理指导，还能够更好地发挥地方和学校的自主性、积极性和灵活性。

1. 国家对体育课程的管理

国家对体育课程教学的管理表现为：教育部对体育教学的基础教学课程进行规划，确定相应的课程内容标准，并制定相应的课程管理政策。具体而言，教育部制定的《体育（与健康）课程标准》对课程的内容提出了总体的要求，但是并没有做出明确的、具体的要求，这给地方和学校留下了可供选择的空间。

2. 地方对体育课程的管理

地方一级管理部门对体育课程的管理如下：地方教育行政部门以国家课程管理政策和本地实际情况为依据，制定本省（自治区、直辖市）课程计划和标准。地方教育行政部门根据《体育（与健康）课程标准》与本地区的具体情况，制定出本地区的课程实施方案，报教育部备案，并在本地学校中组织实施。

3. 学校对体育课程的管理

学校根据国家相应的体育教学的规定以及地方的要求，结合本学校教学水平以及学生的实际情况来确定相应的体育教学的内容，合理开发和选择多种体育教学的课程。其对自身的体育教学课程的管理内容为：学校根据上级的课程方案，结合本校实际，选编符合本校的体育课程教学方案并组织实施。

（三）教学信息的组织与管理

教学信息的管理要求教学得以高质量的评价，并且能够得到相应的反馈。应在充分发挥学生的主体地位的基础上，优化信息传播的结构，使得教学信息能够快速得到传递，并且能够及时得到反馈，师生之间形成良好的协调配合。因此，在体育教学中，应注重教学信息的科学管理。

在课程的开始部分，教师首先应简明扼要地向学生说明本次课的基本任务，并根据课程目标来安排相应的准备活动。在课程的基本部分，尤其是基本部分的前半段，教师的讲解较为重要；在课程的后半部分，讲解要有针对性，练习较为重要。在课程的结束部分，教师对学生进行相应的点评。

（四）学生体质与健康管理

增强学生的体质和健康是学校体育教学的重要任务之一，对学生的体质与健康管理的基本要求有如下几方面。

1. 建立健全组织机构

学校应建立健全的学生体质与健康检测的组织机构，定期对学生的体质健康状况进行检测，并将其纳入到具体的体育工作计划之中。一般对学生的体质健康状况进行检查的内容包括：学生的身体形态发育状况、生理机能以及身体素质与运动能力水平。

2. 建立各项管理制度

对学生体质健康状况进行管理，应建立相应的学生健康管理制度和伤残、体弱学生的体育活动管理制度，切实增强学生的体质和健康水平。在体育教学过程中，应严格按照相应的管理制度开展相应的活动。另外，还应建立学生健康档案，进行编写、登记，便于随时查阅。

3. 加强对学生健康教育

加强学生体质与健康方面的宣传和教育工作，如卫生与生活习惯教育、心理卫生教育、性教育等，通过丰富多彩的形式进行健康教育，吸引学生参与其中。

4. 开展检查评估

要对学生的体质与健康状况进行经常性的检查与评估，并进行深入的分析和研究。针对研究的结果开展相应的宣传教育，并制定有针对性的措施，改善和增强学生的体质健康水平。

（五）运动负荷的组织与管理

体能与身体健康状况具有重要的关系。在体育教学过程中，可通过各种体育游戏、身体素质练习以及技能练习等来促进学生体能的发展。通过对人体施加一定的运动负荷，能够促进人体的适应性改变，从而促进人体体能的增强。体能的发展并不是一朝一夕所能够完成的，需要学生积极主动进行锻炼。

体育教师应调动学生参与体育运动的积极性，组织学生进行身体锻炼，使得学生在承受相应的运动负荷的同时，真正体验到运动的乐趣。体育教师应根据学生的具体情况，选择合适的练习内容，确定符合学生生理状况的运动负荷，促进学生体能素质的发展。

（六）体育教学的财物、环境的管理

财物是体育教学顺利开展的重要保证，对其进行管理包括对体育经费的管理和场馆器材的管理两方面。

1. 体育经费管理

在体育教学过程中，应对经费进行合理计划、使用，进行科学监督，加强经费的经济核算，提高管理水平，为学校发展提供必要的经济保障。应按照相应的财政法规制度，对学校的各项经费进行预算。

2. 场馆器材管理

对于场馆器材的管理要做到：计划配置、合理保管、充分利用、科学保养，保证体育教学过程中场地器材的使用。具体而言，其包括场地设施管理以及器材设备的管理两方面的内容。

对于场地器材设施的管理应建立相应的管理制度和使用计划，体育场地设施的管理制度包括场地使用规定、场地管理人员岗位责任制、场地目标管理条例等。使用计划包括训练、教学、竞赛、维修等方面的计划。

对体育器材进行管理时，应对相应的器材设备进行登记保管，并注意定期保养和补充，在使用时应按照规章制度进行领用或借用。

三、体育教学组织与管理的基本要求

（一）明确体育教学的目标

1. 为学生制定明确目标

在体育教学中，一旦学生确立了目标，就会更加主动地去实现它，这会激起学生强烈的学习动机。因此，为学生制定明确的学习目标对提高学生学习的积极能动性是至关重要的。

2. 确保目标的实现

体育教师在制定学习目标时，应确保目标能够实现，并使学生相信目标是可以达到的。虽然不一定很容易就能达到目的，但是学生应该有机会达到。相反，如果目标太容易，没有什么挑战性的话，目标对学生的激励作用就大大减小。

3. 为目标制定具体的步骤

在制定学习目标时，体育教师要帮助学生为目标制定小的、可以实现的具体步骤。长期的目标需要被分成一系列更小的短期目标，每个小目标的实现可以被看作是学生向整体目标迈进的一步。当目标被划分为可以完成的小目标时，似乎更容易达到。

4. 为目标制定切合实际的实现时间

体育教师在设置实现目标的具体时间时，要以能促进体育教师和学生进行计划和组织为标准进行设置。实现时间也可以被看作是成功地实现短期和长期目标的参考，同时是评价学生是否按时实现目标的一个标准。

5. 为实现目标做好详细记录

在实现目标的过程中，应对实现目标做好详细的记录。这样可以使目标更清楚易懂，易于让学生对目标进行组织、安排。这样做有利于学生将目标内在化，成为其主观意识。这一目标应该贴在学生能够看到的地方，并将已实现的短期目标划掉，这样做会收到意想不到的教学效果。

（二）促进学生自我认识能力的培养

培养学生正确认识自我的能力是激发学生取得成功的关键。体育教师应能够提高学生的自我期待值。学生自我期待值的提高有利于促进学生体育学习，提高自信心。体育教师要为学生提供指导和鼓励的信息。在给学生提供的信息中，首先是自我意识，即提高学生的自信心、自我期待值，充分激发与调动学习热情，其次为学生提供与运动技能认知概念相关的信息。体育教师通过这种方式，激发与调动学生学习体育的积极性和自信心。

教师应根据学生的实际能力，调整学习目标；了解学生的身心准备；帮助学生设定具体、合理的体育学习目标；给学生充足的学习与练习时间；合理安排时间，设定具体时间段，使学生有可供利用、做自己事情的时间；建构充满鼓励、支持学生体育学习的身心环境；当学生身心发展都达到一定程度时，帮助他们再进一步；为学生准备各种情景训练，以使他们在遇到意料之外的情况时能应对自如等。

（三）促进体育教学水平的提高

现代体育教育是教育的一个重要组成部分，因此，现代体育教学的组织与管理也必然离不开一定的教育性。我国体育教育教学的总体目标是“以人为本”，因此，现代体育教学组织与管理也应突出“育人”的特点，在育人的基础上去调动学生的的积极性、主动性。

为获得优质的教学效果，体育教师需要用系统的思想和方法，综合、分析和研究体育教学的各个组成因素以及它们之间的关系。体育教学的组织与管理活动应促进体育教学实践的开展，为教学目标的实现、教学任务的完成以及教学过程的顺利实施提供前提和保障。

第二节　体育教学组织与管理的矛盾

体育教学活动是一个复杂的动态过程，需要教师和学生的积极参与。在体育教学中，存在着诸多矛盾，应科学认识并妥善解决。本节主要就讲解与练习的矛盾、约束与自主的矛盾、师生关系与生生关系的矛盾、成功与挫折的矛盾等方面进行分析。

一、师生之间的关系

体育教学是在体育教师的指导下完成的教学活动，选择和加工体育教学内容是体育教师的一项重要工作，现代体育教师是选

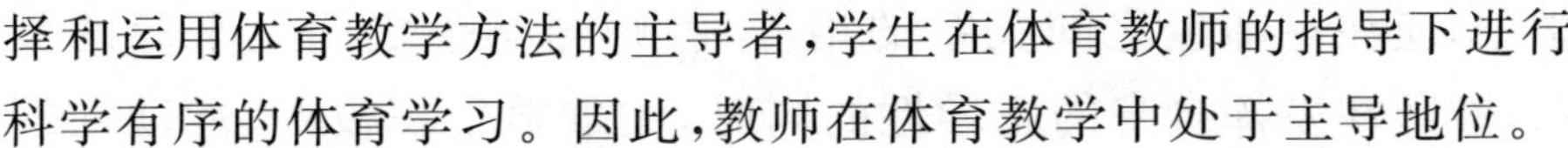

择和运用体育教学方法的主导者，学生在体育教师的指导下进行科学有序的体育学习。因此，教师在体育教学中处于主导地位。

学生在体育教学中处于主体地位。高校大学生在学习过程中，应具有充分的自主性。首先，大学生在体育学习时，能积极主动参与体育活动，并能够运用已有的体育知识和体育经验进行新的知识和技能的认知，并同化外界教育的影响。在体育学习过程中，能对体育知识进行积极吸收、改造和加工，从而促进新旧知识体系的优化组合。其次，大学生在学习过程中具有较强的自主性，其对自身的学习方略具有独立自主的意识；对体育学习活动有着一定自我支配、自我调节和控制的可能性，这主要体现在个性化学习方式和个性化学习行为方面。此外，大学生在学习中能充分发挥自身的潜力（如想象力、变化能力和创新能力等），他们更喜欢探究性的学习。

在体育教学中，师生之间的关系也可以看作是一对矛盾。加强教师的主导地位，则可能在一定程度上削弱学生学习的主体性。在传统的教学活动中，只注重教师主导性的发挥，教师负责教，学生则负责学，教师的教学过程是对学生的单向培养过程。这就使得教师成为课堂的主宰者，师生之间的关系不融洽。在传统的教学过程中，教师是教学的主体，在教学过程中具有很强的统一性，教师的教学活动忽视了学生个体之间的差异性。

不可否认，在体育教育改革不够彻底的环境中，以往一些体育教师对学生学习的主体性没有充分重视起来，没有对学生的学习动机与兴趣进行深入了解，因此造成枯燥乏味的体育教学。然而需要强调的是，这并不意味着体育教师具有较强的主导性，主导性不是指体育教师主观、呆板和武断的思想与行为，相反，体育教师不重视学生主体性的行为可以看出其对学生缺乏责任感，不能有力地促进学生学习动机与积极性的激发，学生也无法与教师默契配合，所以，体育教师的主导性也是难以发挥。

但随着体育教学改革的进行，学生的个性发展受到重视，体育教学方法的发展也呈现出个性化发展的趋势。在现代体育教

学中，应注重师生之间关系的培养，教师与学生之间是平等的关系，教师在发挥自身的主导性的同时，注重学生积极性、能动性的发挥，教师乐于教，学生乐于学，从而形成良好的师生关系。

良好的教学情境能有效激发大学生的好奇心和探索精神，并诱发学生产生和提出各种各样的问题。教学的民主性是和谐的教学氛围的基本条件之一，它主要体现在教师尊重学生的人格、理解学生的学习基础和原谅学生在学习中的缺点和错误等方面。自由民主的教学环境的创设有助于学生能动的、有活力的学习体育知识与技能。

体育教育在经过改革后开始注重素质教育，素质教育重点强调在体育教学过程中要充分认识并重视学生学习的主体性，要把学生的主体性加以大力弘扬，要提高学生学习体育的兴趣与动机。但这并不意味着要将教师的主导性抛置脑后。然而，有些人很容易表现出极端意识或行为，过分强调学生的主体作用，宣传“一切由学生决定”“学生的学要比教师的教重要”等错误思想，这是完全割裂学生主体性与教师主导性的错误表现。

对学生学习主体性的强调并不意味着要对体育教师的主导性加以否认或轻视。反而，应该更加重视体育教师的教学责任与义务，严格要求体育教师的教学行为，不要片面地盲目地分割学生主体性与教师主导性。学生的主体性在其不同的年龄、学习与成长阶段具有不同的表现，在初中阶段之前，学生具有有限的知识学习能力与自立能力，这时就需要充分发挥教师的主导作用。初中阶段之后，学生的知识学习能力与自立能力随着年龄的增长而有所提高，其主体性才不断凸显出来。

二、讲解与练习的矛盾

在体育教学中，教师的讲解与学生的练习之间具有密切的联系。从一定程度上来说，可将两者看作一对矛盾：一堂体育课，当教师讲解的较多时，学生进行练习的时间就会减少。在体育教学

中，教师应注重理论知识的讲解与学生练习之间的矛盾。

在体育课堂组织与管理时，首先要处理好讲解和练习的关系，在长期的体育教学实践中，体育教师们提出了“精讲多练”的原则。

三、约束与自主的矛盾

约束与自主也是一对重要的矛盾，体育教学中，教师既要注重对学生进行必要的约束和管理，又要充分培养学生自主学习的能力。具体如表 3-1 所示。

表 3-1　体育教学组织与管理中必须要处理好的矛盾

体育教学中应强调约束的情景	体育教学中应强调自主的情景
(1)进行课堂常规活动时 (2)进行队列练习时 (3)学习新教材时 (4)在进行集中讲解示范时 (5)进行集体练习时 (6)进行集体纠错时 (7)进行教学比赛时 (8)进行集体放松练习时 (9)进行教学总结时	(1)进行自主准备活动时 (2)进行分组学习时 (3)进行探究活动时 (4)进行反复练习时 (5)进行创新性活动时 (6)进行互相帮助学习时 (7)进行个人总结时

在教学组织与管理过程中，对学生的约束是必要的，这样才能够建立良好的教学秩序，促进教学活动的正常开展。发挥学生的自主性也是十分必要的，学生在教学活动中处于主体地位，只有充分发挥其主观能动性，才能够取得良好的教学效果。

总而言之，教学过程中，约束与自主这两方面都是不可忽略的。如果过度强调了“约束”，则会损害学生的自主性与创造性；如果过分强调学生的自主性，可能会造成教学方向的错误，体育教学会成为游戏课堂，其教育意义就会丧失。

四、成功与挫折的矛盾

学习过程中，并不是一帆风顺的，往往会遇到各种挫折和困难，这就需要学生能够妥善解决成功与挫折之间的矛盾。在学生取得成功时，其学习的能动性充分调动起来，则促进其更好地投入到学习之中。如果接连不断遭受失败，就会打击其学习的积极性，使学生丧失学习的兴趣，甚至动摇自信心。因此，在体育教学中，应协调成功与失败之间的关系，不断激发学生通过努力取得成功。

第三节　体育教学组织与管理的方法

一、宣传教育方法

宣传教育方法是通过宣传和教育等方式，使人们围绕着共同目标而采取行动的一种方法。宣传教育方法有着一定的依据，其客观依据就是人们对思想活动的发展规律的正确认识。在现代体育教学组织与管理中，采用灌输、疏导和对比等教育工作方法是使管理目标得以实现的有效方式，这些方法可有效激发行政管理人员、教练员和运动员的工作热情，是各项工作进行的前提。另外，宣传教育方法对其他管理方法的综合运用起着宣传、解释的优化作用。

宣传教育方法的特点与作用主要体现为以下几个方面。

（一）注重疏导性

宣传教育方法的疏导性主要表现为其能够通过宣传教育的方式，动之以情、晓之以理，启发人们的自觉性。针对被管理者的

思想问题，采取回避或捂堵的方式是不能奏效的，严重时还可能激化双方的矛盾。因此需要进行因势利导，才能达到教育的实效。

（二）宣传教育的先行性

宣传教育的先行性主要体现为以下两个方面：通过宣传教育，被管理者可以对管理方法和决策有充分的了解，同时可以思考自己如何配合行动；在管理过程中各项决策实施之前，通过宣传和教育，还可事先预测到人们可能产生的各种反应，制定相应的宣传教育措施予以预防，从而强化其正面效应，抑制可能产生的不良效应。

（三）宣传手段和方法的灵活性

宣传教育的灵活性主要体现为：由于时期和管理对象不同，思想基础、性格类型、价值观念和需求等方面也存在着差异，宣传教育工作需要依据不同的时期和不同的管理对象，对宣传教育的内容和重点、形式和手段进行确定，保持灵活性和针对性。

（四）宣传教育具有一定的滞后性

由于因为人们的认识和思想是对客观事物的反映，所以只有在事情发生之后或有些苗头的时候，才能对被管理者进行一些思想教育工作。滞后性对管理者有着一定的要求。管理者要从实际出发，科学地、正确地分析已经发生的问题，做到以理服人，这样才能使思想教育真正落到实处，使人们的动机从根本上得到激发。

通过宣传教育，既可激发学生参加体育活动的热情，指导学生自觉、主动地参加运动锻炼，还可调动学生体育工作各方面的积极性，从而推动学生体育工作的广泛开展。实践证明，对有关学生体育的方针、政策、规章制度等执行得好坏，与对其所做的宣传是否得力有关。尤其对正处于受教育期的学生来说，只有加强对他们的体育宣传教育，才能取得更好的效果。因此，要通过班会、周会、板报、墙报、电视、广播、期刊报纸以及各种类型的体育娱乐、竞赛与表演活动等，大力进行体育宣传，教育学生积极参加体育运动锻炼，促使学校相关领导、管理人员和广大体育教师重视学生所参加的体育活动或工作，这样不仅能提高教学管理的水平，对学生自身的发展也有重要的意义。

二、行政方法

所谓行政方法，是指依靠各级管理机构和领导者的权力，运用行政手段，按照行政系统规范进行管理活动的方法。行政方法是由行政管理系统采用命令、指示、规定、指令性计划和职责条例等行政手段，对其各子系统进行调节与控制的一种方法。由于该方法是由上级发布命令，下级则要服从上级，上下级之间的关系非常清晰。因此，行政方法的运用应遵循本部门的实际和管理活动的规律。同时，行政方法的运用也对上级领导者的领导素质提出了较高要求，不仅要求领导者具备较高的理论政策水平，而且还应具备较强的组织管理能力，以有利于体育教学组织与管理质量的提高，促进组织与管理的功效，促进体育教学目标的实现。

行政方法的特点主要表现在以下几个方面。

（一）权威性

在体育教学组织与管理过程中，权威是行政方法所起到的主要作用。这是因为行政方法是否有效，所发出指令的接受率以及上下级之间的沟通，在很大程度上取决于管理者的权威。因此，不断地完善和健全各级体育教学组织与管理机构，强化职、资、权、利的有机统一，努力提高各级管理组织和管理者的权威性，是行政方法得以有效运用的基本条件。

行政命令的传达执行通常是通过垂直纵向逐层进行的，很多时候，下级只服从顶头上司，下一层次只听上一层次的指挥，对横向传来的命令、规定等，基本上可以不予理会。因此，行政方法的

运用通常表现为上级对下级的指挥和控制，其强调纵向的自上而下，反对通过横向传达命令。因此，行政方法还具有纵向性特点。

(二)强制性

行政方法具有一定的强制性，这主要是因为行政方法是通过各种行政指令来对管理对象进行指挥和控制，这些指令是上级组织行使权力的标志，下级必须贯彻执行。需要强调的是这种强制是指“非执行不可”的意思，与官僚主义的强迫命令有很大不同，它对人民的要求是在思想上和行动上服从统一意志，强调原则上的高度统一。

(三)针对性

在运用行政方法时，应依据不同的管理对象、目的和实践进行有针对性的改变，其针对性主要体现在实施的具体方式、方法上。由此可以看出，行政方法也具有一定的局限性，往往只对某一特定时间和对象有用。由此，我们可以得出结论，在运用行政方法进行管理活动时，既不能把它看成是唯一的方法，也不能不顾对象、目的和时间的不同而滥用。

(四)稳定性

行政方法具有相对稳定的特点，这主要是因为行政管理系统具有严密的组织结构、统一的目标、统一的行动、强有力的调节和控制，对于外部因素的干扰具有较强的抵抗作用。

三、现代管理方法

(一)奖惩法

奖惩法是指在体育教学中运用表扬、奖励先进学生，批评、惩罚落后学生的方式来管理学生的方法。奖惩法如果运用得当，能很好地提高教学的质量和水平。正确地运用奖惩法应注意以下两点。

(1)要全面实行表彰和奖励。第一,要表彰和奖励在课堂上表现突出或在各种竞赛上获奖,以及成绩进步迅速的学生;第二,要表彰和奖励积极参加体育运动锻炼的学生。

(2)奖励与惩罚相结合。奖励和惩罚要做到赏罚分明,学生取得成绩时要受到表扬和奖励,学生犯错时要给予批评和惩罚。

(二)隐性管理法

隐性管理法是指教师依据课时计划进行教学目标控制、教学过程控制和教学的效果控制之外,间接影响学生心理状态和行为的控制方法。在体育教学中,如果隐性管理运用得当,会对学生起到潜移默化的作用,从而提高教学的质量和水平。隐性管理主要包括以下几种方式。

1. 动作启发法

在体育教学的过程中,体育教师的手势、走动以及各种表情动作等都传递出一定的信息,学生要能感知到这种信号,听从教师的安排。体育教师的手势具有一定的引导作用,手势动作成为辅助体育教师课堂管理的夸大语言的外部表现形式;体育教师的面部表情也有一定的潜在的调控作用,如表现理解的微笑和思考式的点头则表示教师对学生的鼓励和期待;表示满意的微笑和赞许式的点头,则表示出教师对学生所做行为的肯定,师生之间的这种默契的互动能形成良好的教学氛围,提高教学的质量。

2. 情感交流法

在体育教学中,有一部分学生经常会出现一定的负面情绪,如怕学、厌学等。这些负面情绪对教学质量的提高将产生直接的不良影响。这些负面情绪的产生,原因有很多,但最主要的原因还是教师讲课缺乏生动性和趣味性,难以引起学生学习的兴趣,也就是说教学缺乏情感,师生间的互动不够。因此,作为一名优

秀的体育教师，在课堂上必须要善于通过情感交流，去完成预定的教学计划，从而达到既定的教学目标。

3. 语气引导法

语气引导法是体育教学中教师常用的方法之一。在体育教学过程中，教师把声音的音质、音量、声调、语速和节奏等加以组合变换，融声、色、情为一体，并运用到语气上，能对学生产生一定的诱导性影响，帮助学生将注意力集中在技术动作学习上。

在教学过程中，体育教师主要通过身体行为和有声语言来传递自己的思想和信息。而通过情感、动作、语气等的运用，能及时纠正课堂上出现的各种偏离现象，从而保证教学活动的顺利进行。

（三）柔性管理法

柔性管理是一种现代管理的方法，它是相对于刚性管理而言的。其倡导采用非强制性方式，对人的心理施加潜在的影响，管理者的主要职能表现为协调、激励和互补等。柔性管理更加人性化，便于组织和管理。柔性管理在体育教学中主要表现为以下几方面。

1. 个体重于群体

学生个体具有很大的差异性，这就要求在体育教学中应分别对待。"一刀切"的教学方法不可能实现因材施教，促进学生的共同发展，而柔性管理的运用，能很好地解决这一问题。

2. 肯定重于否定

心理学认为，"尊重"是人的基本需求，其包括别人对自己的尊重，如支持、赞美、接受等。如果人在这方面得不到满足，其就会产生自卑、软弱心理。在教师对学生进行管理时，特别是在对其进行评价时，应注重对其进行积极的肯定，使其心理得到一定的满足。具体而言，柔性管理时应注意以下几方面。

(1)注意刚柔互补。刚性管理强调规范性和强制性，这种管理方法可以确保教学过程有章可循，目标明确，可操作性较强。但是思想过于保守，传统守旧，容易陷入机械化和简单化，而柔性管理则能弥补这一方面的不足，配合使用，能收到良好的效果。

(2)注意柔性管理效果的滞后性。在刚性管理中，管理者的意志与被管理者的执行是同步的。而在柔性管理中，被管理者的执行明显落后于管理者的意志。

(四)其他管理方法

1. 加强学生自身的管理，让学生管理学生

让学生进行自我管理是一种良好的方法，通过建立相应的学生自我管理体制，不仅能够实现学生能力的发展，还能够减轻教师的工作量。这种管理方式还能够在学生之间形成良好的氛围，并且相对自由灵活，更加易于管理。通过学生自我管理，能够发挥学生的积极性，并且能够充分发展其在管理方面的能力，这对于学生的全面发展具有重要的意义。

2. 加强家庭、学校、社会的全方位管理

体育教育管理需要学校、社会、家庭等各方面进行积极的配合，这样才能够实现更好的管理。因此，在体育教学组织与管理过程中，学校的相关管理部门应积极联系家长，保持良好的沟通和交流，使得家长能够了解到学生的学习动态，并且能够对体育教学提出相应的意见和建议，从而促进体育教学组织与管理的优化发展。在体育教学组织与管理过程中，还应积极听取专家和学者的意见和建议，对教学组织与管理进行科学的改进。

3. 进行感情交流，实行感情管理

热爱体育运动的学生，其性格大都乐观开朗，能够与他人建立

良好的关系。因此，这类学生和体育教学之间很容易形成良好的关系。在进行教学组织与管理时，教师可与学生进行主动沟通和交流，解决学生的现实问题，从而能够有的放矢地开展管理工作。

第四节　体育教学组织与管理的决策及计划

一、体育教学组织与管理决策的总体要求

体育教学的组织与管理过程是一个复杂的过程，需要进行周密的安排，并且要求各方面之间进行密切的配合，这样才能够保证体育教学活动的正常开展。一般可将体育教学组织与管理的过程概括为“制定计划—安排实施—再制定计划—再实施”这样一个连续发展的过程。

计划是管理的起点和终点，其有效实施需各部门协同配合。这一过程中必须实施有效的监控手段，即检查和评估，在此基础上进行再制定新的计划，以此形成循环往复的过程。

（一）加强体育教学的全面质量管理

体育教学活动管理的最终目的，就是不断提高体育教学的质量，加强体育教学的全面质量管理，不仅需要落实到体育教学活动的全过程中，还要落实到学校教学组织与管理的所有环节中。具体而言，就是要强化体育教学活动的全过程的质量管理和加强体育教学的全员性质量管理。

（二）突出体育教学活动的专业化特征

体育教学活动具有很强的专业性，这就要求我们能够把握体育教学的机制，进行渗透化管理，并经常检查管理的效果，从而建立科学、有效的教学组织与管理制度与措施。与此同时，学校还

应使体育教师的管理主体作用得到有效的发挥，同时控制好其他的教学因素，并注重教学活动的各种信息反馈，保证体育教学活动能够正常、顺利地开展。

（三）形成体育教学组织与管理的方法特色

经过不断地研究与实践，当前我国已经基本形成了一些体育教学组织与管理的特色，如在指导思想的管理上，把育体与育心、社会需要与学生需要、校内体育教育与社会终身体育结合起来；在教学内容的管理上，将民族性与国际性、健身性与文化性、实践性与知识性、统一性与灵活性结合起来；在教学的宏观控制上，把行政管理与业务督导；统一要求与分类指导；基本评价与专题、特色评价结合起来；在教学过程的管理上，把教师主导作用与学生主体作用、以理施教与以情导教、教学的实效性与多样化、严密的课堂纪律与活泼的教学气氛、激发学生兴趣与培养刻苦精神结合起来，这些都体现了我国体育教学活动管理的总体要求，即形成体育教学组织与管理的方法特色。

二、体育教学组织与管理的计划

在制定相应的体育教学组织与管理计划时，应对学校体育教学的各项工作进行科学考虑、合理安排。各项管理计划的制定，既要保证能够充分调动各方面的积极性，又能够促进教学质量的逐步提高。具体而言，学校体育教学组织与管理的计划包括以下几方面的内容。

（一）体育教学计划

1. 体育教学工作计划

体育教学工作计划是贯彻国家制定的体育教学大纲和教材、科学地安排整个教学工作、顺利完成教学工作目标不可缺少的文

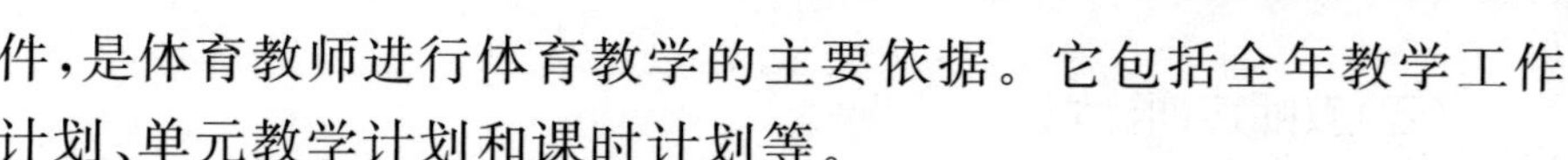

件，是体育教师进行体育教学的主要依据。它包括全年教学工作计划、单元教学计划和课时计划等。

2. 学年体育工作计划

学年体育工作计划是在长期规划的基础上，概括国家的教育和体育方针、上级领导机关的指示精神、学校工作的中心任务及要求，在总结上学年或上学期体育工作的基础上，结合学校体育工作的实际情况制定的。

3. 课外体育工作计划

课外体育工作计划是学校体育工作计划的一个重要组成部分。它包括全校课外体育工作计划、班级体育锻炼计划和个人锻炼计划等。学校应结合本校实际与学生的具体情况来安排相应的课外体育工作计划。

（二）业余运动训练计划

学校业余运动训练是学校体育的一项重要任务，积极开展业余训练可以增强学生体质，提高运动技术水平。它可以分为个人训练计划、集体训练计划、多年训练计划、学年训练计划、阶段训练计划、周训练计划、课时训练计划等。业余训练计划是增强大学生运动员专项素质的重要保证，应针对大学生运动员的运动特点合理制定计划。

（三）运动竞赛计划

运动竞赛计划是检查教学质量、衡量运动训练水平、选拔优秀体育人才的重要手段。它包括年度竞赛计划、学期竞赛计划。制定运动竞赛计划时应考虑和上级竞赛计划相吻合，在时间安排上要利用节假日，项目安排上除考虑竞技体育项目外，还要考虑到学生喜闻乐见的项目。

（四）教师培训计划

时代总是处于不断发展变化之中，这就要求教师在教学过程中不断学习新的知识，不断提高自身的素质。在制定教师培训计划时，要考虑到每个教师的业务水平及学校体育的发展水平、年龄层次，要结合教学的实际情况，在不影响教学的情况下轮流培训。教师培训计划是增强教师素质的重要形式，同时，还应加强教师思想意识的发展，促进其自我提升。

（五）场馆、器材使用计划

制定场馆建设、维护，器材购买、维修计划，应考虑到学校体育的发展情况，同时要考虑到实际情况，合理地配置有限的财力、物力资源。场馆、器材计划的制定其最低限度是保证各项教学活动能够正常开展。

三、体育教学组织与管理的检查与评估

学校体育教学组织与管理的目标能否实现，以及相应的体育教学计划能否正常执行，在很大程度上决定着能否对体育教学组织与管理的过程进行有效的控制。在高校体育教学过程中，经常会出现原有的工作计划与现实情况发生矛盾，这时就需要采取相应的措施保证体育教学组织与管理目标的实现。如果无法发现其中的问题，并且不能及时进行必要的信息反馈，就无法消除问题，从而影响体育教学效果，不利于体育教学目标的实现。学校体育教学组织与管理的检查与评估，是全面贯彻党的教育方针，实现学校体育目标的重要措施。

在对体育教学组织与管理工作进行评价时，其具体步骤如下。

（一）明确体育教学组织与管理评价的目的

解决为什么要进行评价是进行体育教学组织与管理评价的

首要环节。而且，任何一项体育教学组织与管理评价活动，都是在一定的目的指导下进行的。体育教学组织与管理评价的具体目的不同，评价的内容、组织形式和方法也不同。

（二）成立评价小组或评价机构

体育教学评价小组或评价机构是体育教学组织与管理评价的主体。成立体育教学组织与管理的评价小组或评价机构时，要依据具体的情况确定组成的性质、规模及其人员组成。体育教学组织与管理的评价小组或评价机构可以是具有长期的连续性和稳定性的，也可以是临时性的。但是，无论是什么样的评价小组或评价机构都必须要具有权威性。体育教学组织与管理的评价小组或评价机构一般由分管领导和专家组成。

（三）制定评价标准和指标体系

确定体育教学组织与管理的评价目的之后，就需要解决评价什么的问题了，也就是对体育教学组织与管理的评价目标进行分析并使之具体化。体育教学组织与管理的评价者要对评价指标进行认真研究，并尽量通过试评获取典型或实例，以便统一尺度，进而制定合理的体育教学组织与管理的评价标准和指标体系。

（四）收集体育教学组织与管理的评价信息

收集信息也是实施体育教学组织与管理评价的一个重要环节。在高校体育教学评价过程中，收集信息的方法主要有以下几种。

(1)观察法：评价者依据指标内涵的要求和评价对象的特点，有目的、有计划地直接进行自然状态下或控制条件下的观察进而获取评价信息资料。

(2)问卷法：评价者通过书面调查评价对象而获取评价信息。

(3)访谈法：评价者依照访谈提纲，通过和评价对象面对面谈话或者是小组座谈会的方式直接搜集信息。

(4)测验法:评价者依据评价内容编制一定的等级量表和标准的试题,用以收集评价信息。

(5)文献法:评价者通过查阅与评价对象有关的文字记载的材料,进而收集评价资料。

(五)判断体育教学组织与管理的评价结果

在收集到了有关评价对象的资料后,就要对其进行加工处理。只有依靠对评价资料的加工处理(反馈评价结论、意见或建议),才能做出科学的、正确的判断。同时,指出评价对象的优点及其存在问题,并分析原因,进而提供改进办法和措施。在实施评价的过程中如发现方案有缺陷必须及时修正。

第四章
体育教学内容与方法的科学选择与安排

教学内容与教学方法是体育教学系统的两大重要构成要素，对体育教学内容与方法的科学选择与安排对于体育教学效果与质量具有重要的影响作用。本章主要就体育教学内容与方法这两个体育教学要素进行系统分析，并在详细阐述体育教学内容与方法基本知识的基础上，就体育教学内容的划分与编排、体育教学方法的选择与应用、体育教学内容与方法的选择与创新对策进行科学化研究与探索。

第一节　体育教学内容与方法概述

一、体育教学内容概述

（一）体育教学内容的概念

现代体育教学内容是教育内容的一个重要组成部分，但是在形式上与其他教育内容具有明显的差异。虽然体育教学内容最初是由体育娱乐及竞赛活动等内容演变而来的，但它在体系上与其有着显著的不同之处。体育教学内容具有一般教学内容和体育运动的某些特征，但是与一般教学内容和竞技体育训练内容又有着明显的差异。要全面系统地认识体育教学内容，必须充分认识到体育教学内容与一般教学内容、体育运动的差异。具体分析如下。

体育教学内容与一般教学内容相比有着较大的不同,具体表现在以下两个方面。一方面,体育教学内容在选择和加工上有一定的要求,它需要以学校体育教学目标为基础,根据学生发展需要和教学条件进行,其主要目的是增强学生的体质,提高其运动能力和比赛能力,而其他教学内容则不是。另一方面,与竞技体育训练内容相比,体育教学内容的目的是教学,而竞技体育训练内容的目的则是娱乐和竞赛,二者有明显的不同。例如,奥林匹克运动会中的田径竞技运动目的是夺取竞技胜利,其内容体系是按照公平竞赛的原则进行组织和加工的;而作为教育内容的田径运动,则必须要结合学校的具体实际和学生身心发展的特点进行,二者的出发点和目的都不同。

体育教学内容与体育运动的差异具体表现如下,首先,现代体育教学内容与竞技体育训练的教学目的不同,前者是以教学作为主要目的的,后者的内容则更多的是以竞技运动作为手段实现娱乐和竞赛的目的。其次,体育教学内容属于教育内容,但从形式上来看,它与其他教育内容又有着很大的区别。虽然体育教学内容最初是由体育娱乐活动、竞赛活动等内容演变而来的,但它在体系上与其有着明显的差异。而正是由于这个原因使体育教学内容形成了独特的性质和教育内容中的独特位置,但是同时也使得在体育教学在内容的选择、加工以及教学过程上都变得更加复杂和困难。而竞技体育训练内容则不需要这方面的改造。

通过以上分析,可以将体育教学内容简单地理解为"体育教材",它以身体练习、运动技能学习和教学比赛等基本形式,以实现体育教学目的和完成体育教学任务为基础,将这些内容进行加工,并以教学形态的方式出现在体育课堂上。

(二)体育教学内容的特点

作为教育内容的一个重要组成部分,体育教学内容不仅具有

一般教学内容的特点，如教育性、系统性和科学性等，它还具有自身的一些特点，具体分析如下。

1. 教育性

教育性是体育教学内容的根本属性。在体育教学过程中，体育教学内容是连接教师与学生的重要媒介，它对学生进行体育教育的重要载体，体育教师据此组织受教育者参与各种相关的教育活动。具体来说，现代体育教学内容的教育性主要体现在它适合于大多数学生，对学生的身心发展有好处，既有冒险性又比较安全，推陈出新，具有一定的创新性，同时避免过于功利性。

2. 健身性

健身性是体育教学内容的基本特点之一，也是现代体育教学内容区别于其他教学内容的主要特点。体育教学内容主要是通过身体练习的方式完成学生对现代体育教学内容的学习。在体育教学过程中，为了使学生能够增强身体素质和健康水平，学生的身体练习必须通过在练习过程中给予身体一定量的运动负荷来实现对学生身体的改善和改造，因此，体育教学内容的健身性为学生增强体能、增进健康提供了可能性。

3. 娱乐性

娱乐性是体育教学内容的显著特点之一，也是体育教学内容与其他文化课内容的重要区别之一。大多数体育运动都是由运动游戏发展而来，体育教学内容几乎都来自于体育运动项目，因此体育教学的内容必定会带有游戏式的乐趣性和娱乐性。

在体育教学过程中，这种运动娱乐性主要体现在克服困难、协同作战、争夺胜利、表现欲望等心理过程中，体现学生对新的运动的体验和对学习进步的成就感，体现在运动的环境、场地、比赛规则、比赛形式等变化和加工方面。当学生学习某项运动技术时，本身就会存在着对这种运动本身乐趣性的追求动机，学生在体育教学过程中的这些娱乐性体验（竞争与合作、成功与失败）可丰富学生的情绪和情感。因此说体育教学内容本身就有一定的娱乐性特征。

4. 实践性

在体育教学中，体育教学内容与体育实践活动之间的关系非常密切，一般都带有明显的运动实践性特征。因此，学生要想提高自己的体育运动水平，不仅需要掌握扎实的体育理论知识，同时还要通过自己的运动实践来获得某种运动技能。因此，学生进行现代体育教学内容的学习最终总是通过身体实践来完成的，在体育教学中，学生需要依靠教师语言的传递获取知识，但是只靠看、想、听是不能达到学好体育教学内容的目的的，学生必须从事以大肌肉群运动为特点的运动才可能真正掌握教学内容。此外，在体育教学内容中的知识学习和道德培养，也必须是通过运动学习和实践体验，通过运动中的本体肌肉感觉和记忆才能准确获得的。

5. 系统性

体育教学内容自身是一个完整的系统，在学校体育教育中，体育教学的内容、体育运动项目、体育运动技术内部以及这些因素之间都有着密切的联系，它们构成体育教学内容内在结构，进而共同构成了体育教学系统。体育教学内容完整的系统性能为体育教师的教学提供更加科学可靠的教学依据。

在整个体育教学系统中，体育教学内容与其他体育教学因素（如体育教学目标、体育教学对象（学生）的身心发展特点、体育教学条件、体育教学环境等）是构成体育教学系统的重要因素。在体育教学中，体育教师通过从整体上全面、系统、合理地把握体育教学系统各组成要素之间的内在规律性，可以使体育教学内容的选择更加科学、准确。

6. 开放性

体育教学内容的开放性特点主要表现在教学过程中师生之间人际关系的开放性上。在体育教学中,教师在对运动的学习和竞赛选择的体育教学内容多是以集体为单位的活动形式来进行的,学生的练习内容、小组位置不断发生着变动,和其他教学过程相比,教师与学生在运动学习、练习和比赛中的人与人之间互相沟通和交流变得更加频繁。体育教学内容的人际交流的开放性的特征,是体育教学过程顺利开展的基础,这种开放性与体育运动中所孕育的集体精神、竞争、协同培养等特点共同构成了体育教学的特殊教学环境,在整个体育教学过程中,教师与学生、学生与学生之间的联系更加密切。

7. 非阶梯性

体育教学内容的非阶梯性是其区别于一般教学内容的显著特点之一。体育教学内容除某一项运动中的基础动作练习或启蒙动作练习外,大多是不同类型的、彼此平行的运动项目知识和身体练习,因此表现出非阶梯性特征。具体来说,体育教学内容是由众多相互平行的体育运动项目学习和身体练习构成的。体育教学内容包括繁多的理论知识素材,这些理论知识之间的难易程度并没有直接、必然的联系,而是相对独立的学科知识体系或知识点。这为体育教师在选择体育教学内容时增加了难度。

8. 空间约定性

体育教学内容的空间约定性是由体育的空间活动特点所决定的。和其他学科的教学活动不同,体育教学活动需要在固定的场地上进行的,甚至是以场地来命名的,如“田径”“沙滩排球”“郊游”等,这都是体育教学内容的空间约定性的具体表现。在体育教学中,一旦体育活动内容离开了这种特定空间制约,那么体育教学内容就会发生根本性的变化,导致体育教学活动无法正常开展。体育教学内容的空间制约性，使其对场地器材的依赖性较大，在此基础上，一些场地、器材、规则本身也成为体育教学内容的重要组成部分，如体育场馆经营的教学、体育器材的维护和管理教学、乒乓球运动规则及裁判法的教学等。因此，在体育教学中，要合理安排和考虑教学内容实现的设施、场地、规则等要素。

（三）体育教学内容的层次

体育教学内容的层次可以从宏观和微观两个层面来进行分析研究。具体分析如下。

1. 宏观层面

从宏观层面来看，体育教学内容主要包含了上位层次（国家课程和教学内容）、中位层次（地方课程和教学内容）和下位层次（学校课程和教学内容）三个层次。

（1）上位层次——国家课程和教学内容

体育教学内容的上位层次就是国家课程和教学内容。这些上位层次的内容是经由国家的教育相关部门细心规划制定的统一课程以及教学内容，这些内容充分符合国家意志，能够使学生在接受基础教育之后应该达到我国的共同体育素质，在体育方面成为一个合格的公民。国家在体育课程和教学内容的开发的方面上，依据通常是不同教育阶段的性质与培养目标，通过这些因素对体育课程标准等方面进行制定，从而编写出符合实际的教学内容。这些体育教学内容是由国家的教育行政部门统一规定的，各个地方学校必须服从，体现出一定的强制性。国家课程和教学内容的涵盖内容，所占课时比例在地方课程和学校课程的内容和课时比例相比都是数量最大的。因此它直接决定着我国基础教育的体育教学质量的好与坏。

（2）中位层次——地方课程和教学内容

地方课程和教学内容在体育教学内容被归类到中位层次。这一层次的教学内容是在国家规定的各个教育阶段的体育课程

内容来进行开发的。这一层次教学内容的开发必须要结合当地的具体实际进行,其开发者大多为省一级的教育行政部门或授权的教育部门。地方课程和教学内容可以使地方体育教育资源得到充分的利用,与当地的教育发展情况紧密结合起来,能够增强体育课程和教学内容的地方适应性。

(3)下位层次——学校课程和教学内容

学校课程和教学内容在体育教学内容的层次划分当中被分为下位层次。这一层次的课程和教学内容具有多样性和选择性的特点,其主体是学校的教师,以国家课程和教学内容、地方课程与教学内容为前提进行具体实施,并将科学评估本校学生的特点和需求,对当地社区和学校的体育教育资源进行充分利用,以学校的办学思想为依据作为基础。在体育教学中,体育课程资源的开发要以国家教育方针、国家或地方体育课程和教学内容等为依据,教学内容的设计更加细致和具体,能够照顾到每一位学生的体育学习和发展需求。

上述三个层次的体育教学内容的建设是由国家、地方、学校共同完成的,这三个层次的职责不同,所以其所涵盖的范围和在教学当中所占的比重也有所不同。

2. 微观层面

体育教学内容是体育课程教学实现的载体,根据教学内容论的观点,教学内容是包含多层意义的,从微观层面来看,根据教学内容的具体化的程度,体育教学内容的微观层次包含以下四点。

(1)第一层次——体育课程标准学习内容

微观层面的第一层次即为体育课程标准所示的学习内容,以体育与健康课程标准规定为例,运动参与、运动技能、身体健康、心理健康、社会适应这五个学习领域即是从这一层次而进行的分析。这种分析实际上是活动领域的一种表述,并非常规意义上的体育教学内容。

(2)第二层次——体育能力目标内容

第二层次是第一层次形式上的具体化。从某种角度来分析，第二层次属于能力目标分析，同样并非常规意义上的体育教学内容，具体事例如体育与健康课程标准明示的水平目标：获得运动的基础知识，说出所做简单运动动作的术语(转体、侧平举、体前屈、踢腿等)。

(3)第三层次——体育教学内容教具

体育教学中需要具体运用到的硬件与软件等物质设施，即指普遍意义上的教学内容教具，比如篮球、足球、体操、武术等运动项目，以及与这些项目相关的场地器材。这一层面是常规意义上所说的体育教学内容。

(4)第四层次——教学手段与方法

具体是指某项教学内容下位的具体教学内容，比如一项运动的具体练习教学内容，游戏教学内容以及认知教学内容等一系列拆分开来的教学内容。

二、体育教学方法概述

(一)体育教学方法的概念

教学方法是在教学过程中为了完成教学目标和教学任务而采用的一些方法和手段。在体育教学中，可将体育教学方法的概念定义为：在体育教学过程中，为了达到体育教学目标和实现教学目的而由师生所采用的可操作性的教学方法、途径和手段的总称。

关于体育教学方法，可以从以下几个方面进行深入了解。

(1)体育教学方法与教学目标不可分割。任何一种体育教学方法都具有一定的目标性，如果脱离了目标，则体育教学的方法也就失去了其存在的意义。体育教学方法应与体育教学目的之间具有密切的联系，教学方法的实施应能够促进体育教学目标和

任务的实现。因此,体育教学方法作为体育教学的重要组成部分,其服务于体育教学的目标和任务,任何体育教学方法的适用都应以实现教学目的为出发点。

(2)体育教学方法体现了教与学的统一。教学方法将教师和学生密切联系在一起,包含着教师和学生两个方面。教学方法促进教学任务在师生的双边互动中完成。因此,教和学这两方面的内容贯穿于体育教学方法实施的始终。

(3)体育教学方法是师生互动行为的总和。体育教学是教师与学生的双边互动,他们两者构成了体育教学的主体,教学方法的实施是两者共同完成的。教师与学生之间密切配合,运用多种方法保证教学活动的正常进行,而并非单指一方的教法或学法。

(4)体育教学方法具有多元功能。体育教学方法种类繁多,不同的方法具有不同的功能和作用,在体育教学方法的综合运用下,保证学生掌握体育知识和技能,促进身体与心理健康,最终实现全面发展。

(二)体育教学方法的特点

1. 多种感觉器官共同协作性

体育教学过程中,学生通过各种感觉器官接收教师发出的各种信息,动用思维、感知、记忆和想象,并结合具体的身体练习最终实现动作的掌握。体育教学方法也是感知、思维和练习相结合的过程,在这一过程中,学生需要通过自身的信息接收器官将外界信息传送至大脑皮层,大脑对各种信息进行整理、分析和加工,然后大脑指挥人体的各器官完成相应的动作;通过动作的不断重复,使得人建立起相应的动力定型,实现动作的自动化,也即掌握相应的动作技术。在这个学习过程中,信息的感知是动作学习的基础,思维活动则是学习过程的核心,而练习是动作技术掌握的重要手段。体育教学方法的实施是感知、思维和练习三者的有机结合。

2. 实践性和可操作性

体育教学过程中,教学方法必须与教学实践相结合,即使是讲解法、直观教学法等也必须根据室外体育教学的具体实际来开展。体育教学过程中,不管是教师还是学生,身体运动是教学的主要方式。在安排教学方法时,必须根据体育活动的具体实践形式进行,如果是紧紧停留在理论层面,会使得体育教学活动大打折扣。体育教学方法的科学性和合理性在具体的教学实践过程中得到检验,教师和学生根据教学实际对教学方法进行修正。因此,体育教学方法具有很强的实践性和可操作性。

3. 师生的双边互动性

体育教学的过程是教师和学生双边互动的过程,教学活动围绕教师的“教”和学生的“学”这两个方面展开。现代体育教学法注重师生之间的互动,在教学过程中师生之间时刻发生着双向的信息交流。因此,体育教学的方法既包括教师的“教”法,也包括学生的“学”法,两者对教学效果均具有重要的意义。

4. 实施的时空功效性

体育教学可以划分为不同的阶段,在不同的阶段内,有着鲜明的阶段特点,师生之间相互产生着一定的影响。

体育教学的开始阶段,教师处于教学教学活动的主导地位,他们指导学生进行学习活动,进行相应的分析、示范和指导;随着教学活动的继续开展,学生的主体作用也在不断增强,学生通过认知、分析和练习,掌握相应的知识和技能;在教学活动的结束阶段,教师进行总结和分析,并对学生的学习状况进行评价和分析,并为开展下一阶段的教学活动进行必要的准备工作。体育教学方法随着体育教学活动的不断开展反映出一定的时空功效性。

5. 继承性与发展性

体育教学方法的有效性必须经过长期的教学实践检验,其是

在长期的体育教学实践过程中逐步发展起来的，经过多年的积累、发展和创新，形成了内容丰富的体育教学方法体系。很多教学方法具有鲜活的生命力，经过多年的发展依然在教学过程中发挥着巨大的作用。这些有效的教学方法值得人们进行总结、整理和借鉴。因此说体育教学方法具有继承性。

随着体育教学的不断发展，在继承传统的经典教学方法的基础上，一些新的教学方法不断被提出，使得体育教学方法的体系不断丰富、完善。因此说体育教学方法具有发展性。

(三)体育教学方法的分类

目前，对于教学方法的分类缺乏统一的标准和依据，一般来说，可以把体育教学的方法为两个基本大类：即教法类和学练法类。

1. 教法类

教学法是从教师的角度提出的，方法的实施主体是教师。

(1)知识技能教法

教法类包括基本知识(体育保健类知识以及体育的相关理论知识)的教法和体育技能的教学方法。

体育基本知识的教学方法同其他学科的教学方法类似，对这类教学方法进行分类时也较为复杂，根据不同的分类依据可将其分为不同的类别。在体育基本知识教学过程中，教师在选择相应的体育教学方法时，要注意教学的情意活动和它的多功能作用的发挥，要将体育教学的基本知识与体育活动实践密切结合起来。

体育技术技能的教学方法与其他学科的教学方法有很大的差别，是运动教学方法，由各种身体练习法构成。在选用体育技能教法时，要首先确定体育教学的目的，明确教学的目的是为了使学生掌握运动技术技能，还是为了发展学生身体或其他目的。其次，对体育教学的内容进行分析和处理，通过选择合适的教学方法，结合实际教学情况，充分发挥教学方法灵活多变的特点，随机应变，体育教学的目的以及体育教学的内容不同时，活动的方式也会有所区别，以促进教学任务的完成。

(2)思想教育法

思想教育法是对学生的思想品德教育和美育等方面的教育方法，这也是体育教学的重要任务之一。在开展相应的思想教育时，应结合体育教学的特点采用相应的教学方法，确保教学能够收到很好的效果。

思想教育法的合理运用应达到以下教学效果：促进学生顽强拼搏的意志品质的形成；促进学生个性意识的发展；促使学生形成正确的价值观念和审美观；培养学生的团队协作意识；培养学生的探索性和创造性思维。

2. 学练法类

学练法类是从学生的角度提出的，方法的实施主体是学生。

(1)学法类

学法类，即指导学生进行学习的方法。在进行体育教学时，指导学生进行体育学习，首先应确保学生能够较好地掌握前人积累和总结的知识和经验，在继承的基础上求得发展；其次学生应将相应的知识和经验与自身的个性特点相结合，从而最终形成终身体育的意识并具备相应的能力。总之，学法类的教学方法不仅应使学生能够掌握相应的知识和技能，还要使学生愿学、会学，并养成终身体育锻炼的习惯。

(2)练法类

练法类，即指导学生锻炼的方法是体育教学里面最具本质特征的方法。它对于学生的身体素质以及各项运动技能的发展具有直接的作用和效果，在教学过程中，学生应能够理解和感受身体运动时的各项体验。在教学过程中，具有众多的身体锻炼效果的方法，其效果也是因人而异，因此，不同练法的使用应充分考虑到不同学生之间的个体差异，符合实际、有的放矢。

第二节　体育教学内容的划分与编排

一、体育教学内容的划分

(一)体育教学内容的划分要求

发展到现在,体育教学内容不断得到丰富,体育教学内容通常来说在属性与功能等方面有着多样化的特征,对体系庞大丰富多彩的体育运动项目及其身体练习进行合理分类是一个繁杂、细致的工作,因此,对体育教学内容的划分一定要科学、具体,注意以下几点要求。

1. 符合体育教育价值取向

体育的教育价值的实现是体育教帅在选用体育教学内容时必须考虑的内容,对体育教学内容的分类可以从体育教育价值的实现入手,具体来说,体育教育价值是随着社会和时代的发展而不断变化发展的,是与时俱进的,并没有哪一种体育教学内容的分类是一成不变的。所以体育教学内容在分类上应体现教育价值的时代性。

2. 坚持体育教学系统观念

体育教学系统包括体育教学内容在内的诸多要素。体育教学内容的分类应与体育教学方法和评价方法能够相互呼应,并形成一个系统,从而成为一个整体,这样做的目的是便于体育教学评价的合理开展,有助于检验和完善体育教学效果。简言之,对体育教学内容的分类应坚持系统观念作指导。

3. 服务于体育课程目标

在体育教学过程中,体育教学内容是实现体育课程目标的重要手段，因此，体育教学内容的分类必须要考虑到能否有效帮助体育课程目标的实现。体育教学内容往往是多功能的，所以对体育教学内容进行分类，必须注意到每一个体育运动项目或身体练习的特点，主要的功能是什么，通过该体育教学内容的学习能达到什么样的教学目标。

4. 符合学生的身心发展

学生是体育教学的主体，对体育教学内容进行分类时，学生的特点是必须纳入考虑范围的，例如，低年级体育教学的运动技能的目标主要是对学生的基本活动能力进行发展。因此这一阶段比较适合采用以基本活动能力与游戏作为体育教学内容，如此做对于发展该阶段学生的基本活动能力以及对学生在体育兴趣方面的培养是非常有利的，有利于学生未来积极接受体育教育。

5. 利于体育教学实践开展

对体育教学内容的分类时还需要贯彻为体育教学实践服务的理念。对体育教学内容进行具体分类时，最重要的是对体育教学实践中体育教师对体育课程内容的选择与安排要方便有利。体育教学内容的分类不但要合理，而且必须符合科学规律，分类的正确与否必须在体育教学实践中接受检验。

（二）体育教学内容的划分依据

1. 根据活动能力分类

根据人体的基本活动能力对体育教学内容进行划分是体育教学实践中比较常见的一种分类形式。人体的基本活动能力主要包括走、跑、跳、投、攀、爬、钻等动作技能，根据这些动作技能对体育教学内容进行划分，具体包括以下内容。

(1)实践内容基本运动：包括走和跑、跳跃、投掷、队列和体操队形、徒手操和轻器械体操、跳绳，以及攀登、爬越、平衡等技巧。

(2)游泳。

(3)韵律运动和舞蹈。

根据人体活动能力对体育教学内容进行划分的分类方法的特点使体育教学内容不易受运动项目的限制,有利于体育教学内容的组合,有利于发展学生的各种身体动作和基本活动能力,适合低年级的学生。但是,这种划分方法容易导致体育教学与运动项目相脱节,不利于培养学生的某一运动项目技能,不易调动学生(尤其是高年级学生)学习体育内容的积极性和主动性,很难引起高年级学生对竞技运动的学习热情。

2. 根据身体素质分类

发展学生的身体素质是现代体育教学的重要目标之一。因此,根据身体素质(力量、速度、耐力、灵敏、柔韧等身体素质)分类,可将体育教学内容划分如下。

(1)田径。

(2)体操。

(3)提高身体素质的练习。

(4)球类。

(5)韵律体操和舞蹈。

(6)民族传统体育。

根据身体素质对体育教学内容进行划分的分类方法的特点是它"在发展学生身体素质方面分类明确,项目内容并不是单纯发展某一方面身体素质的",该分类方法有利于实现学生锻炼身体的目的,可以帮助学生明确各运动项目与身体发展之间的关系。但是,这种分类显得不够准确,容易使学生对体育教学内容的文化特性认识不足。

3. 根据运动项目分类

根据运动项目对体育教学内容进行分类是现代学校体育教学中最常见的教学内容分类方法,根据我国相关的体育教学大纲中关于体育运动项目的名称和具体内容进行教学内容的划分如下。

(1)韵律体操和舞蹈。

(2)球类运动。

(3)游泳。

根据运动项目分类使得学校体育教学内容与社会上进行的竞技运动很好地保持了一致性,其优点在于,以项目为分类标准,有助于学生更容易理解体育运动名称和内容,有利于学生系统地理解和掌握竞技体育运动的文化。项目分类的局限性主要体现在该种分类方法容易否定非正式体育运动比赛项目或一些尚不规范的体育运动比赛项目。但就规范性、正式的体育运动比赛项目而言,通常其专业的比赛规则和高超的运动技能不适用于作为非运动员的学生学习和掌握,因此,需要教师结合本校学生特点和本校体育教学条件对具体体育运动项目进行适当的改造,问题的关键在于改造后的体育教学内容与原有的运动项目之间会产生各种差异,会在一定程度上影响学生对运动项目的理解和掌握。

4. 根据教学目的分类

根据人为赋予的体育教学要达到的目的为分类依据,可以将体育教学内容进行分类,具体参考表 4-1、表 4-2。

表 4-1 根据教学目的进行分类的体育教学内容(一)

体育教学内容	发展身体基本活动能力的手段和方法	①跑跳投等单一型练习方法;②跑跳投等组合型练习方法;③跑跳投等综合型练习方法
	增强身体素质的手段与方法	①健身跑;②健身走;③广播操;④肌肉练习方法
	常见运动项目的内容与方法	①田径;②篮球;③排球;④足球;⑤体操;⑥武术
	余暇和交往中的体育手段与方法	①郊游远足;②体育游戏;③体育舞蹈;④台球;⑤羽毛球;⑥网球;⑦轮滑;⑧滑冰;⑨潜水;⑩观赏运动及介绍
	保健康复的体育手段与方法	①矫正体操;②太极拳;③保健气功

表 4-2　根据教学目的进行分类的体育教学内容(二)

<table>
<tr><td rowspan="8">通用部分</td><td rowspan="7">运动实践</td><td>为掌握运动项目技能的身体练习运动实践</td><td>田径、球类、武术、体育舞蹈、器具体操</td></tr>
<tr><td>提高身体素质的身体练习</td><td>五大素质练习</td></tr>
<tr><td>提高基本活动能力的身体练习</td><td>攀爬钻跳等练习</td></tr>
<tr><td>为掌握锻炼方法的身体练习</td><td>各种运动处方的实践</td></tr>
<tr><td>为进行安全教育的身体练习</td><td>救护、交通安全演练</td></tr>
<tr><td>为发展学生心理素质的身体练习</td><td>拓展训练、野外探险</td></tr>
<tr><td>为培养行为规范、体态的身体练习</td><td>基本体操、队列</td></tr>
<tr><td>知识学习</td><td></td><td></td></tr>
</table>

根据运动项目对体育教学内容进行分类，该分类法可使体育教学目标更加明确，便于体育教师根据具体的运动项目选择与之匹配的教学方法，可增强对体育教学的指导性。此外，结合项目进行体育教学可以打破传统的“以竞赛为目的的教学内容编排体系”，运动项目分类清晰，不会发生难以避免的内容重叠，也不会发生逻辑上的问题，有助于学生更加系统地学习各个体育运动项目的知识和技能。

5. 综合分类

综合分类，是根据基本部分与选用部分、理论与实践教学内容、各项运动的基本教学内容与提高身体素质练习的教学内容等相互交叉的方法对体育教学内容进行划分的分类方法，具体划分及内容见表 4-3。

表 4-3　综合分类方法

<table>
<tr><td rowspan="2">通用部分</td><td>体育基础知识</td></tr>
<tr><td>身体锻炼内容(田径、体操、球类、民族传统体育、韵律、舞蹈、身体素质)</td></tr>
<tr><td rowspan="4">选用部分</td><td>游泳、滑冰</td></tr>
<tr><td>通用部分补充延伸</td></tr>
<tr><td>地区、民族、民间体育</td></tr>
<tr><td>其他</td></tr>
</table>

综合分类法的优点在于，该分类法能充分反映学生不同年龄阶段的特点和对学生的基本要求，有助于保持体育运动项目的固有特点和系统性，能使体育运动项目的技术和发展学生身体素质的实践练习紧密结合起来，有助于实现体育教学的综合效果。该分类方法的不足之处在于“不是用同一标准进行的分类”，不同类别的内容可能有交叉。

在现代体育教学实践中，对体育教学内容的理解不同，所采取的分类方法也不同，体育教师应结合体育教学内容的不同层次及学生、学校的实际情况科学进行分类，分类过程中，注意在同一体育教学内容的层次上采用同一个标准进行分类。

二、体育教学内容的编排

（一）体育教学内容的编排模式

在对体育教学的课程内容进行排列组合时应坚持一定的策略，目前，体育教学内容的主要的编排方式包括螺旋式排列和直线式排列，同时还包括以上两者综合在一起而得到的混合型排列方式。这里对螺旋式排列和直线式排列这两种体育教学内容编排模式详细分析如下。

1. 螺旋式排列

体育教学内容的螺旋式是当某项运动项目的教学内容的有关方面在不同年级重复出现时，逐步提高教学要求的一种排列方法。

在历届的教学大纲当中，只模糊地说明一些锻炼身体作用大的教材是适合用螺旋式排列来进行编排的，事实上，并不是仅仅锻炼身体作用大的教材才适合于螺旋式排列的编排方式。一些兼具难度和深度教学内容，并且总是要求学生熟练掌握运动技能，这些教学内容对于螺旋式排列方式来说是更加适合的。

2. 直线式排列

与螺旋式教学内容的排列方式不同，直线式教学内容的排列意味着，学习了某一体育运动项目和身体练习的相同内容，基本上不再重复出现。

我国体育教学大纲中对于适用于直线式排列的教学内容没有明确。几乎所有的体育教学大纲都缺乏对这一问题的详细说明，提及最多的地方仅仅是说体育卫生的相关知识的编排适合用直线排列来进行。所以适用于直线式排列的编排方式的体育教学内容，成为在体育教学内容编排理论当中的一大盲区。

随着体育教学的发展，如何更加科学地对体育教学内容进行编排，以实现更好的教学效果，要求体育教学工作者在对体育教学内容的编排工作过程中，应注意考虑体育教学内容的循环周期现象。

研究表明，体育教学内容的编排当中，存在循环周期的现象。这种循环是指，在同一教学内容当中，不同的学段、学年等范围当中进行的反复的重复安排就是循环周期现象。这种循环的周期有的是课、有的是单元、有的是学期、有的是学年，甚至有的循环是在某一个学段当中。以跑步为例，一节体育课上要进行 100 米跑，下一次课当中仍要进行 100 米跑就是以课为周期的循环。在一个学期内安排 100 米跑，在下一个学期内的课程上仍要安排 100 米跑就是以单元和学期为周期的循环，以此类推。结合上述理论，我国体育教学学者根据不同的内容性质而对体育教学的内容的编排分为以下四类。

(1)“精学类”教学内容——充实螺旋式。

(2)“粗学类”教学内容——充实直线式。

(3)“介绍类”教学内容——单薄直线式。

(4)“锻炼类”教学内容——单薄螺旋式。

以上四种体育教学内容编排方式很好地满足了新课程标准中对体育教学内容的要求，并根据体育教学内容当中的自身理论，结合当前体育教学内容当中的各种情况的现状，创新地将各个方面的内容合理编排在体育教学中，所以在体育教学的发展改革中，上述几种编排方式都非常适用，有利于体育教学目标的实现。

（二）体育教学内容的编排方法

1. 简化的教材化的方法

简化的教材化的方法具体是指将各种高水平、正规的竞技运动项目在各方面（包括竞赛的规则、技术、器材和场地等）进行简化，从而使其能够更好地适应体育教学活动的开展。这种方法是现代体育教学中，对教学内容进行教材化最为常用的一种方法。

简化教材法能够使得教学内容与学校的条件、学生的能力与需求、教学的目标及教师的教学能力等各方面相适应，使教学更具操作性。

2. 理性化的教材化的方法

理性化的教材化方法主要是对各种运动项目所包含的各种运动原理和知识等方面进行充分的挖掘，并将其组织安排在教学过程中的一种教材化方法。这种教材化的方法适用于具有一定体育基础的学生的体育教学。

3. 实用化、生活化的教材化的方法

实用化就是使得教学内容与实用技能相结合；而生活化是教学内容与日常生活相结合；野外化则是将正规的场地变为野外的非正规场地，或将各种场地运动转变为各种野外运动；冒险运动化就是增加一定的惊险性，激发学生的学习兴趣。这些方法能够使现实生活与其各种需求相结合，增加教学内容的趣味性，提高学生的学习兴趣。

4. 游戏化的教材化的方法

很多体育教学内容都比较枯燥，如跑、跳、投、体操、游泳等运动项目，因此在选择好教学内容后还需要对其进行一定的改造，而常用的方法就是游戏化的教材化方法。这种方法是将这些单调的运动用“情节”串联成游戏，提高参加者的兴趣，而同时又不会在很大程度上改变练习的性质，依然可以达到很好地增强练习效果的作用。

5. 运动处方式教材化的方法

以遵循锻炼的原理为基础，对运动的强度、重复次数、速率等因素进行了组合排列，并以学生不同的锻炼身体的需要为根据，组成处方来进行体育锻炼和教学。这是一种不可或缺的教材化方法，因为它对教会学生运用运动处方锻炼身体的方法非常有利。[①]

(三)体育教学内容的编排注意事项

1. 注意学生基础和教学实际

体育教学内容的编排应符合学生的实际需求，促进体育教学质量的不断提高，应使得体育教学的内容与学生的实际情况和实际需求相适应。具体来说，在进行体育教学时，教师应在考虑体育运动和身体练习本身的难易程度的基础上，依据学生的实际需要、学生的体能和运动技能基础以及其生产发展的阶段特征等方面，合理安排体育课程内容。

2. 突出不同体育运动和身体练习特征

体育教学内容丰富，在对体育教学的内容进行编排时，应注

① 毛振明，于素梅．体育教学内容选编技巧与案例［M］．北京：北京师范大学出版社，2009.

重各种运动技能的学习、改进、巩固、提高和运用。应该认识到，体育教学不仅要使学生了解相应体育知识和技能，还应该使学生能在日常体育锻炼中灵活运用这些知识和技能。这就要求教师在对不同体育教学内容的编排过程中，突出不同运动项目的特点和技法特点。

第三节 体育教学方法的选择与应用

一、体育教学方法的选择

（一）体育教学方法的选择依据

教育改革的出发点是培养适应社会发展的全面发展的新型人才，在体育教育中，教学方法、教学理念不仅会对学生的发展产生影响，还会在很大程度上决定我国各级教育事业的成功与否。[①]由此可见体育教学方法科学选用的重要性。在选择体育教学方法时，一定要注意选择的依据和要求，这样才能保证体育教学方法选择的可行性和科学性，从而真正利于体育教学活动的顺利进行。

体育教学中，合理选择教学方法时要注意以下几个依据。

1. 教学课的目标

体育教学课的目标是确定体育教学方法的依据之一，体育课的目的、任务不同，教师选择的教学方法也应相应不同。例如，如果体育课的目的是为了让学生巩固技能，教师应多采用练习法、比赛法等；如果体育课的目的是为了教会学生学习新技能，教师

① 李春华．创新教育理念下的体育教学方法理论与实践[J]．科教导刊．2015(2)．

应采用讲解、示范、分解、模仿练习等教学方法；单元前阶段应以探究教学法、分组合作教学法为主，单元后阶段应以练习法、比赛法为主。

2. 体育内容特点

体育教学的内容与教学方法之间具有密切的关系，如对一些技术动作教学内容应采用主观的示范操作的方法，而对一些原理和知识结构方面的内容则应注重运用语言法进行讲解。不同性质的体育教学内容，应采取相应的教学方法。每一种教学方法为实现一定的目标而运用在某一教材内容时，其效果也会表现出一定的差异性。因此，在体育教学过程中，应注重教学方法的灵活性。

3. 教学方法的特点

在体育教学中，任何一种体育教学方法都有其各自独特的教学功能、适用范围、限制条件等。例如，探究教学方法适用于自学能力强、基础水平高的学生；游戏教学法适用于年龄较小、基础水平较低的学生。因此，体育教师在选择与运用教学方法时，要根据这些特点进行。

4. 教学对象的特点

教学对象——学生之间存在个体差异，体现在年龄、性别、身体素质、体能体力、知识基础、运动水平、学习习惯、学习态度、理解能力等方面。因此，教师应结合教学对象的特点选择相应的教学方法，做到因材施教。教师在组织体育教学时，要根据学生的特点，从学生的具体实际出发，有针对性地选择教学方法。

5. 教师自身的特点

体育教师是各种教学方法的实施者，其自身的素质对于教学活动的效果具有重要的影响。体育方法运用是否得当应结合教师自身的教学特点进行。例如，如果教师具有很强的语言表达能力，那么可以更多地选择语言教学法；如果教师的示范能力较强，可以更多地选择动作示范教学法；喜欢接触新鲜事物的教师可以更多地结合多媒体技术进行教学。总之，教师应根据自己的实际特点来选择合适的教学方法，以扬长避短，最大限度地发挥自身的教学优势。

6. 体育教学环境特点

教学环境对教学方法的选择具有重要的影响。教学环境包括场地器材、班级人数、课时数等，同时，外界的社会文化环境也对教学环境具有重要的影响。教学环境必然会对教学方法产生制约作用。在体育教学过程中，教师应充分利用现有的教学环境，选择合理的教学方法，最大限度地利用现有的场地、器材条件。

（二）体育教学方法的选择注意事项

1. 注意师生之间的协调配合

体育教学活动是“教”与“学”的统一，不存在没有“教”的“学”，也不存在没有“学”的“教”。因此，不管是何种教学方法，都应考虑到“如何教”和“如何学”这两方面的问题。体育教学方法的应用应考虑师生双方的合理配合，避免二者的相脱节。

2. 注意学生内部与外部活动的配合

学生的学习过程是内部活动和外部活动的综合体现，所谓内部活动，即为学生的心理活动以及相应的生理生化反应等方面；外部活动则是其动作质量、情绪、注意力等方面。在选择相应的教学方法时，应注重两者之间的配合。具体来说，教师应善于分析学生的内外活动变化，对教学方法的选择，应既有利于指导学生的外部活动，又能激发学生内部活动的积极性与主动性。

3. 注意不同学习阶段的前后配合

体育教学是一个系统的、长期的过程，需要持续十几年的时间，甚至贯彻人的一生。在体育学习过程中，学生的学习过程是由不了解到熟悉的过程，学生在不同的学习阶段会表现出不同的特点。体育教学方法的应用应考虑到学生学习知识的不同阶段的前后配合，使前一阶段的学习能为后一阶段的体育学习奠定基础。

二、体育教学方法的应用要求

(一)体育教学方法的应用要求

1. 一般要求

(1)体育教学方法的应用应符合教学目标。
(2)体育教学方法的应用应符合教学规律原则。
(3)体育教学方法的应用应符合教学内容特点。
(4)体育教学方法的应用应符合学生学习条件的可能性。
(5)体育教学方法的应用应符合教师本身条件的可能性。
(6)体育教学方法的应用应符合学校教学条件的可能性。
(7)体育教学方法的应用应最大限度地实现最好的教学效果。

2. 具体要求

(1)体育教师要了解教学方法，这是体育教师正确选择教学方法的基础。包括了解体育教学方法的特点、适用范围、对象等。

(2)体育教师要善于分析教学方法。在体育教学中，教学方法有很多，不同的教学方法有其独特的性能，既有优点也有缺点，作为一名体育教师，必须要善于分析教学方法，做到从多中选优，选择和实际相符、有利于教学目的实现的最佳教学方法。

(3)体育教师要学会比较教学方法。不同的教学方法可以实现相同的教学目标,不同的教学方法可同时适用于同一种情况下的教学,这时体育教师就应该认真分析这几种教学方法,比较其优缺点,找出哪一种教学方法更能有效地促进教学目标的实现、更能有效地改善教学效果,从中选择最佳的教学方法或教学方法组合。

(二)体育教学方法的应用注意事项

1. 注意体育教学方法效果的影响因素

在体育教学中,体育教学方法效果受多种教学因素的影响,如教师因素、学生因素、环境和条件因素等。

从教师的角度来看,在体育教学实践活动中,教学方法所产生的效果受体育教师的知识储备、人格魅力以及教学技艺等方面的影响。所以,提高教师的素养对于教学方法使用的效果将会产生积极的影响。

从学生的角度来看,体育教学是教师与学生之间的双边互动,学生因素对于教学方法运用的效果也具有重要的影响。因此,学生的能动性的发挥情况对于教学方法的运用效果具有重要的影响。例如,当学生没有太大的兴趣参与到体育课教学中时,就会在课堂上表现出注意力不集中,即使体育教师使用正确、生动、形象的讲解方法或准确、协调、优美的动作示范,学生依然不会提高参与课堂学习的兴趣与积极性。

从客观教学因素来看,体育教学的物质条件和环境也在一定程度上影响着体育教学方法的运用。例如,在进行篮球运动教学时,如果是在较为干净的室内塑胶场地上,学生在奔跑和起跳时的心理状态与在水泥地面上时是不同的,室内塑胶场地上,当学生起跳落地时,可以做出相应的保护性动作,能够有效避免受伤。因此,在强调教学主体主观因素的同时,也不可以将物质和环境等客观因素忽略掉。

因此,在体育教学方应用过程中,要充分考虑上述三方面的

因素，以便于合理选用体育教学方法。

2. 注意体育教学方法有关理论的运用

体育教学理论对体育教学实践具有重要的指导作用，也包括对体育教师的体育教学方法的选择和运用指导。体育教学的相关的方法既要注重实践方面的问题，要注重理论方面的探索，以便于提高体育教学方法选用的科学性。

在体育教学过程中，体育教学方法方面的理论基础包括以下几种。

(1)辩证唯物主义与唯物辩证法的基本观点。

(2)系统论原理，深化理解体育教学系统。

(3)教育学、心理学等与体育教学有关的学科理论知识。

(4)普通教学论和体育教学论，这是体育教学方法选用的直接理论基础。

(5)对当代各学科的先进理论成果进行借鉴和吸收，创造性地应用相应的理论和方法。

总之，随着当前体育教学的不断改革与发展，现代体育教学新理念、新观点要求体育教师在体育教学过程中，用新观念、新理论指导体育教学工作，充分发挥各种教学方法的效用，并不断对体育教学的方法进行创新。

第四节 体育教学内容与方法选择与创新的对策

一、体育教学内容的选择与开发

(一)体育教学内容选择的依据

1. 体育课程目标

体育课程的目标是对教学内容选择的重要依据，这是由于体育课程目标在体育课程编制的过程中，在每一个阶段内都作为教学内容的先导和方向，所以它经过了多方专家的合理思考验证，对各个方面的影响都进行了认真合理的验证。体育课程内容在实现体育课程目标的过程中，是作为手段而不是目的而存在的。体育课程目标存在多元性的特征，体育运动项目和身体练习也具备可替代性的特征，这都使体育教学内容的选择变得更加多样性。总之，相应的体育课程目标对应着相应的体育课程内容。这是教师选择教学内容的重要认知基础。

2. 教学对象特点

体育教学对象，即学生的特点是体育教学内容选择的重要依据之一，主要包括两个方面的内容，一是学生的体育学习与发展需要，二是学生的身心发展客观规律。

首先，现代体育教学以促进学生身心发展为目的，所以对体育教学内容进行选择的一个必要的因素就是学生对于体育的需要和兴趣，这对于有效的学习是非常重要的。学习需要学生的主动参与，而主动参与就是说，学生自身积极和努力是必不可少的。通常学生如果面对感兴趣的事情，那么其参与的动力就会大大增加，学习的效率也将倍增。这非常符合一些教学学习所提出的观点：如果学习是被迫的而不是学生出于兴趣而进行的，那么学习在某种意义上来讲可以说是无效的。调查显示，现代学生虽然非常喜欢参与课外体育课程，但对于体育课却是兴味索然，最重要的原因就是教学内容缺乏趣味性。这就为体育教师针对学生特点、选择学生感兴趣的体育教学内容提出了要求。体育教学内容的选择对于不同学段学生的发展特点和规律都要充分考虑到，其个体差异与不同需求将会在其中起到很大的作用，所以充分考虑能够确保每一位学生受益。

其次，学生对教学内容的接受程度取决于其身心发展规律以及特点，因此从这个角度来说，体育教学内容必须要使学生可以接受，符合学生的身心发展的年龄阶段特征、符合学生的认知水

平、符合学生当下的身心发展需要。

3. 社会发展需要

作为教育教学的重要内容，体育教学旨在为社会培养更加全面发展的人才，为学生进入社会、适应社会发展奠定基础，因为学生的个体发展无法脱离社会的发展。因此，体育教学能够在健康方面为学生打下良好的基础，所以在进行体育教学的内容选择时，除了考虑学生本身的需求，社会现实发展的需求也必须被考虑进去。体育内容在选择方面不能够忽视学生走入社会后发展所必需的体育素质，所以体育教学内容必须能够满足学生在社会发展当中各方面的需要。

此外，体育教学内容必须做到与社会生活和学生生活联系在一起，使学生在未来的工作和学习中能够体会到它的作用，即通过体育教学使学生终身受益，这就强调了体育教学内容选择的重要性。

（二）体育教学内容选择的原则

1. 教育性原则

选择体育教学内容应从教育的基本观点对体育教学素材进行选择，分析其是否与教育的原则相符，与社会的固有价值观是否同步。要明确分析它是否有利于学生的身心发展和身体锻炼。首先，教学内容的科学选择必须与体育课程的主要目标相匹配，确立“健康第一”的指导思想，并以此作为体育教学内容当中最基本的出发点。其次，教学内容选择应看重其文化内涵，在学生学习体育技能的同时更能深刻体会到体育文化修养带来的益处。

2. 基础性原则

在选择体育教学内容时，要把握好其基础性。帮助学生有效地掌握体育与健康基本知识与技能，为学生打好身体基础。

3．科学性原则

进行教学内容的选择时，健身性和兴趣性的确非常重要，但这不能否定科学性在体育教学内容的选择的重要性。体育教学内容选择当中的科学性有以下三层含义。首先，教学内容的选择必须有利于学生身心的协调共同发展。教学内容的选择必须做到使学生在开心的体育活动中同时积极促进身体的发展。其次，教学内容要使得学生能够从根本上对科学锻炼的原理和方法有一个深入的了解，这种了解可以增加学生从事体育锻炼时的自觉性和积极性。最后，充分考虑教学内容本身的科学性。随着国家对体育教学内容的选择的限制放开，不做具体的规定，体育教师应注意防止一些科学性不够强的体育项目作为教学内容进入课堂。

4．趣味性原则

兴趣是帮助一个人学习的最好的老师，因此在进行体育教学内容的选择时，根据学生的各方面特征尽量选择他们感兴趣的、有趣味的、并且在社会上比较流行的体育素材作为教学内容。毫无疑问，大多数竞技运动项目的健身价值和教育价值是不可低估的，但是，长期以来体育教育工作者往往更加关注竞技运动项目教学的系统性和完整性，用培养运动员的方法进行体育教学，这种方法背道而驰，导致很多学生开始厌恶体育课。

5．实效性原则

实效性是体育教学内容选择的重要原则之一，如果不具有实效性，不能提高体育教学效果，那么体育教学内容的选择就必然是失败的。具体来说，就是判断某项体育教学素材是否实用、是否简便易行、是否有助于学生的身心健康。实践证实，真正具有实效性的教学内容，要能兼顾与学生自身的体育学习兴趣和经验相接近的以及大众喜欢的、社会上比较普及的，同时强调运动项

目的健身娱乐效果，奠定学生终身体育的发展基础的体育教学内容。

6. 民族性与世界性相结合的原则

体育课程内容的选择要在保留我国民族传统体育当中的精华部分的同时，对国外好的课程内容选择的设置加以借鉴吸收。不能对自己民族的东西盲目自信，但同时更不能有崇洋媚外的思想。体育教学内容的选择就应该与时俱进，体现当今时代中国的特色。

7. 时代性原则

体育教学内容要体现出鲜明时代特征。随着时代的发展，新的娱乐、健身、休闲的手段不断地被发明和创造，体育教学内容应考虑新时期学生走向社会后的各种需求，体现出时代性。

(三)体育教学内容开发的方法

1. 筛选法

筛选法是按照一定的标准从大量的体育教学内容资源中选择出合适的体育教学内容的方法。通过筛选法来开发体育教学内容一般需要经过以下几个步骤。

(1)罗列内容清单。把对学生未来的发展有实际教育意义的体育教学资源都尽可能地罗列出来，以供选择。

(2)确定内容标准。根据开发主体、教育目的、教学对象等确定具体的体育教学内容选择标准，充分考虑国家的教育和体育教育政策、学校体育教学目标、学校体育教学指导思想、学校体育课程标准、学校的体育教学环境、师资力量、学生特点、体育课堂教学目标等。

(3)选出所需内容。结合各种筛选依据、标准和要求，从教学内容清单中选出合适的体育教学内容。

2. 改造法

改造法是指根据体育教学对象和条件等特点的不同，对原有体育教学内容资源的某个构成要素进行合理化的加工、变化和修改的方法。通过改造法开发体育教学内容的具体步骤如下。

(1)分析学生特点和学校条件。分析学生的性别、年龄、兴趣、爱好、身心发育特点、生活经验等；分析学校场地、器材、设备等，以确定体育教学的改造内容和方式。

(2)分析体育教学资源的构成要素。从本质上说，对体育教学资源的改造是对构成体育教学资源的要素进行的加工和修改。对某个具体的学校体育教学内容资源而言，提取、改变、增加、舍弃一些具体的要素都能形成一个新的体育教学内容。

(3)改造体育教学资源的构成要素。根据具体的目的和原则对体育教学内容资源的构成要素进行改造。以传统体育教学内容为蓝本，结合时代的发展特点和体育教学的改革方向，对传统体育教学内容的技术难度、规则、趣味性等方面进行改造，如降低难度、简化规则，突出游戏化、实用化等，以便更好地发挥传统体育教学内容其优势，为高职体育教学服务。

(4)体育教学内容实施与重新改造。通过体育教学的课堂实施，在了解改造后的体育教学内容资源的效果和存在的主要问题后，进行适当修改，并总结经验为以后的教学内容改造提供参考。

3. 整合法

整合法是将各种体育教学内容资源的某些要素重新进行整合，使之形成新的教学内容。具体步骤如下。

(1)确定整合目的。通常，采用整合的方法进行学校体育教学内容资源开发目的有三个：发挥教学内容的教育功能；增加教学趣味；提高教学适应性。无论何种目的，必须明确。

(2)确定整合方式。在分析教学资源各要素特点的基础上，对体育教学内容各要素进行整合，重新选择和设计新的体育教学

内容要素。

(3)进行资源整合。改造一部分体育教学内容要素，为之后的教学资源整合的可行性奠定基础。

(4)实施与修正。将整合后的教学内容应用于教学实践，检查新的教学资源的可行性，并结合实际情况进行调修。

4. 拓展法

拓展法是指对原有的教学资源进行形式、内容、功能等方面的扩展，使之更加完整，更具有教育意义。采用拓展法开发体育教学内容具体步骤如下。

(1)分析体育教学内容资源的性质和特点。具体来说，应分析体育教学内容资源的内容、结构、方式、功能等方面的特点，为具体的体育教学内容资源的拓展做好准备。

(2)分析拓展内容，找出拓展空间。考虑拓展的方向、方式、方法，拓展教学资源的内容、结构和功能。

(3)进行拓展尝试。充分利用本地区、本学校的具体教学条件(以及可以为体育教学服务的一切物质或其他条件)，进行实际意义上的教学资源拓展，检验拓展是否可行。

(4)实施与总结。对拓展后的体育教学内容进行教学实施，客观、全面地总结体育教学内容的实施情况，做好体育教学内容的拓展整理工作，为以后的教学资源开发提供依据。

5. 引进法

具体是指引进新兴的体育教学内容。随着体育事业的不断发展，当前，学校体育教学中涌现出了一大批新兴的体育教学项目，这些运动项目因其特有的休闲性和趣味性受到了大学生的热烈欢迎和喜爱。因此，引入一些新兴的现代体育运动项目，将会为体育课堂教学注入一股新的活力。在引进现代的新兴运动项目时，需要注意依据现有的原理、规则、方法、场地器材条件等，以突出操作性和实效性。

(四)新时期体育教学内容改革与发展建议

(1)以学生为本,在进行体育教学内容选择时应更多地从学生如何学以及他们兴趣的角度出发。

(2)改变体育教学内容规定过死的现象,将教学内容弹性相应地扩大,使地方学校和教师对体育教学内容的选择、设计更具灵活性。

(3)突出教学内容的趣味性、逐渐淡化竞技性。

(4)教学内容应更加概括,涵盖范围广阔,让学生和教师选择体育教学内容的权限更宽广,给教师和学生留出广阔的空间。

(5)关注女学生的体育需求与发展,适当增加女生喜爱的韵律体操和舞蹈内容。

二、体育教学方法的选择与创新

(一)体育教学方法选择的原则

1. 最优性原则

当前,体育教学方法种类多样,十分丰富,各种教学方法都有其优缺点。因此,在对教学方法进行组合运用时,会形成不同体系的综合教学方法,每一套教学方法也有其鲜明的特点。教师在进行教学方法的优化组合时,应根据实际情况,选择一套最符合实际情况的教学方法。

2. 统一性原则

体育教学方法选用及优化的统一性原则要求教师在选择相应的教学方法时,应注重“教”与“学”的统一,使得两者之间密切结合,相互促进。如果只强调其中的一方面,则教学活动并不会取得良好的效果。另外,在教学过程中,应充分地发挥出教学方

法的多种功能，促进学生素质的全面发展。

3. 灵活性原则

教学活动是一个动态的过程，教师在课前设计的相应教学方法可能在具体的教学实践中面临多方面的问题，这就需要教师进行灵活的应变，根据实际教学情况，灵活运用体育教学方法。

4. 启发性原则

不管是何种形式的教学方法，其都应该能够更好地调动学生的积极性和自觉性，促进学生进行思维、探索，促进学生自主思维和学习意识的提高。

5. 创新性原则

体育教学方法的选择、优化必须具有创新性，在体育教学中，教师应重视对教学方法进行积极的改进和创新，使其更加适用于自身的教学实践活动，以使得教学方法的功能最大化，从而取得较好的教学效果。随着新课程改革的开展与深化，体育教学必须创新教学思路与方法，通过思路与方法的创新来提高体育教学的有效性。①

(二)体育教学方法选择的程序

1. 明确学校体育教学任务

选择体育教学内容之前，应将一节课的具体教学任务进行分析和细化，制定出详细的任务规划。

2. 根据教学实际提出设想

通过分析教学任务、教学内容、学生的具体情况以及教学的外部情况等，评估相应的教学方法，分析教学方法的可行性和适

① 方诚．新课改背景下体育教学创新研究[J]．成才之路，2016(7)．

用性。

3. 实施与评价教学方法

在体育教学过程中，应对教学方法产生的效果进行跟踪了解，对教学方法的反馈信息进行归纳和分析研究，并对教学方法做出相应的调整。在以后的教学过程中，要不断地总结经验和教训，促进教学方法的不断优化。

4. 优化组合体育教学方法

制定教学方法和教学方法的具体方式和细节表，对各种教学方法进行分析，并对其不完善的地方进行相应的补充，实现体育教学方法的优化与优化组合。

(三)新课改下体育教学方法创新机制与途径

(1)运用现代先进体育教学技术。在体育教学中，运用现代教学技术有明显的优势。如对一些高难度的技术动作的细节展示可以通过现代多媒体教学技术进行分解、定格，便于学生更好地理解。再如，网络课程教学能为师生提供一个更好的交流平台，同时不受时间和空间限制，是一种新的教学方法与形式的尝试。

(2)营造良好的体育教学环境。学校结合本校的体育教学规模和学生需求完善体育教学物质条件、营造良好的体育文化环境，有助于教师更好地结合本校特点、学生特点灵活、恰当地选择、创新体育教学方法。

(3)建立有效的激励机制。学校有关部门及相关领导要重视体育教师的教学工作，建立健全选拔竞争机制，采取具有可行性的激励措施，鼓励体育教师充分发挥他们的聪明才智，大胆创新，最大限度地发挥体育教师的主观能动性，鼓励体育教师选用新兴体育教学方法、创新体育教学方法。①

---

① 张竹．论高职体育教学中教学方法创新机制及途径[J]．当代体育科技，2015，15(5)．

第五章 体育教学设计与计划的科学制定与应用

体育教学是一个系统的且较为复杂的工程，在这个庞大的工程中需要开展各种具体的繁多的工作。因此我们需要科学设计体育教学方案，合理制定体育教学计划，以此来确保有条不紊地开展各个环节的工作，使体育教学的每一步都能够做到位，从而顺利完成体育教学任务，实现体育教学目标。体育教学设计实际上是一个综合各种理论所形成的体系，运用系统方法发现、分析、解决体育教学中的问题，实现体育教学效果最规范的计划过程和操作程序，而体育教学计划是体育教学设计的表现形式。本章着重研究体育教学设计与计划的科学制定与应用，以为体育教学工作的顺利及有序开展提供科学的指导。

第一节 体育教学设计概述

一、体育教学设计的概念

（一）教学设计的概念

目前有关教学设计概念的界定还未统一，下面主要列举国内外学者对教学设计概念的不同描述。

1. 外国学者对教学设计概念的描述

学者布里格斯(Leslie J. Briggs)认为,教学设计是"分析学习需要和目标以形成民族学习需要的传送系统的全过程";加涅(R. M. Gagne)认为,教学设计是"一个系统化地规划教学系统的过程";瑞达·瑞奇(Rita Richey)认为,教学设计是"为了便于学习各种大小不同的学科单元而对学习情景的发展、评价和保持进行详细规划的科学"。

2. 我国学者对教学设计概念的描述

在我国,关于教学设计概念的界定主要有两种观点,一种观点将教学设计看作是"为了达到一定的教学目的,对教什么(课程、内容等)和怎么教(组织、方法传媒的使用等)进行设计"的过程;另一种观点则认为教学设计"是以获得优化的教学效果为目的,以学习理论、教学理论和传播理论为理论基础,运用系统方法分析教学问题、确定教学目标、建立解决教学问题的策略方案、试行解决方案、评价试行结果和修改解决方案的过程。"

综上所述,我们可以对教学设计的概念作如下界定,即教学设计是指在开展教学活动之前,由教学执行者(通常为教育管理部门)以教学目标的要求为根据,运用系统方法对教学活动要素进行分析和策划的过程。

(二)体育教学设计的概念

对教学设计概念的认识有助于我们为体育教学设计下定义,即将教学设计的概念与体育学科的特点联系起来即可。具体来说,体育教学设计,是指教学管理部门在体育教学活动之前,以系统的思想和科学的方法为指导,结合与体育课程有关的学科以及体育教学特点,制定的一种科学的、切实可行的体育教学实践操作方案。

二、体育教学设计的特点

体育教学设计具有超前性、差距性及创造性特征，具体表述如下。

（一）超前性

体育教学设计的概念已经反映了其具有超前性特征，即体育教学设计要在体育教学开始前完成，提早完成体育教学设计环节的多项工作，便于之后相关部门对设计成果进行评估，并对此进行实践检验。因此，体育教学设计是一种对教学活动中可能出现的一切问题和情况进行的预测。

在体育教学实践中，“体育教学设计在前，体育教学在后”，也就是说，体育教师在上体育课前应先设计出本节课的教学方案。从本质上讲，体育教学设计只是体育教学活动的一种设想和预测，它是对即将进行的体育教学中可能产生的问题进行分析，并根据体育教育、教学理论和学生的学习需求对教学活动中可能发生的问题提出解决方法的一种构想，是体育教师在进行体育教学之前对体育教学所做的安排或策划。因此，体育教学设计具有一定的超前性。

（二）差距性

体育教学涵盖的要素较多，在具体的教学活动开始后，不管是课时教学还是周教学、单元教学、学期教学都会与先前计划的内容有所偏离。事实上，体育教学设计本身就是一种对未来教学实施方案的构想，它依据多种可能的要素预估而成，体育教学的“变数”使得体育教学设计难免会和体育教学实践之间存在一定的差距。鉴于体育教学设计的差距性特征，体育教师要在教学中根据实际教学情况不断对教学计划进行调整。

（三）创造性

现代体育教学目标的多元化、体育教材的多功能性、体育教学方法和手段的多样性以及这些要素之间复杂的关系，决定了体育教学过程具有复杂性和不确定性的特点。因此，现代体育教学是动态的、非线性的、复杂的，体育教师在教学活动中想完全控制教学进程并使之按照既定的计划发展是不现实的。尽管体育教学设计要依据现有实际情况进行，但是为了体育教学发展的需要，在进行教学设计的过程中还要有意识地做出一些富有创造性的设计。

教学活动经常变化在传统的教育理念中是一种大忌。而现代体育教学设计则认为，体育教学拥有一定的变化特性并非缺点，这与体育教学的本质相关联，为体育教学设计提供了创造性的开放空间。因此，体育教学过程就是发展学生创造能力的过程，体育教学设计过程就是培养教师创新精神的过程。

在体育教学实践中，体育教师创造性地解决教学问题的能力，对培养和提高学生的创新意识和创新能力具有重要意义。体育教师要具备一定的创新性和创造能力，必须先具备一定的文化基础知识和较扎实的专业知识，具备主动适应基础教育的意识与能力，具备创造性的想象力和创造性的思维，如此才能设计、创造出多元有效的体育教学方案。

三、体育教学设计的理论基础

与现代体育教学设计相关的理论很多，大多数体育教学设计的要素和方法都建立在相关的理论基础上。具体来说，体育教学设计的理论基础主要包括系统理论、学习理论、教学理论和传播学理论四种。下面仅就前两种展开具体阐述。

（一）系统理论

1．系统理论概述

从“系统”这个词的词义上来说，“统”字意为多种元素的相关

总和。系统的规模可大可小，应根据实际需要而定。例如，规格较为庞大的主体其所对应的系统自然较大，而较小的主体对应的系统也相对较小。不过，不论是大系统还是小系统，它的构成都应该满足下列三个条件。

（1）特定的环境。系统的存在需要一些特定环境。只有在特定情况下，系统才能在这个环境中发生作用。没有环境则没有系统。

（2）特定的元素。元素是构成系统的基本内容，这种元素被称为“必要要素”。必要要素有很多，而且相互之间并不是独立存在的，在彼此之间也有一些联系，各要素之间相互依存，相互制约，共同形成结构。

（3）特定的结构。系统之所以成为系统是因为构成系统的各元素之间存在着一定的相互联系，元素之间没有联系，则不能构成系统。

2. 系统理论对体育教学设计的支持

之所以将系统理论确定为体育教学设计的理论基础，关键就在于这一理论可以为体育教学设计提供较为系统的分析方法。系统整体性与系统内部的相关性均与体育教学设计的需要相吻合，使体育教师能以一种整体观去把握和参与体育教学设计。

根据系统理论的观点，可以将体育教学系统的构成划分为五个要素，每一个构成要素都是体育教学系统的一个子系统。具体如下。

（1）教学主体。这里的教学主体主要是体育教师。作为体育知识或技能的传授者，他们是教学活动中的重要人物。在体育教学中，教师群体就是一个集体，其中有带头人、骨干和助手等要素；教师作为个体，他需要掌握丰富的体育知识、高超的运动技能以及熟练的教学技巧。

（2）教学对象。这里的教学对象是接受体育教学的学生。学生作为知识的学习者和接受者，是体育教学系统中必不可少的要素之一，如果没有学生，那么教师也就没有存在的必要，体育教学也就无从谈起了。

(3)教学内容。体育教学内容是多方面的。在学校体育教学中,体育教学内容主要通过教材的形式来表现。在体育教学实践中,教学内容是教师传授知识的依据。目前体育教学的主要内容包括体育与健康知识、体育与健康技能、提高学生社会适应能力、培养学生体育运动兴趣等。

(4)教学方法。教学方法是指教师和学生为达到体育教学目的和完成教学任务,所采取的方式、途径、手段、程序的总和。常见的学校体育教学方法主要有动作示范、教具和模型演示、多媒体演示阻力和助推力、讲解法、口令指示、间歇法、持续法、重复法、循环法、游戏法、比赛法等。这些都是具体的教学方法,可将其概括为直观法、语言法和练习法。

(5)教学手段。教学手段,是指师生在体育教学过程中交换信息时承载和传递信息的工具。传统体育教学手段主要包含语言、文字、动作示范等。随着科学技术的发展,越来越多的载体被广泛运用,如视频、电影、电脑模拟和数据分析等。

体育教学系统的各个子系统是相互联系、相辅相成、有机统一的,它们在体育教学目标的支配下共同发生作用,缺一不可。总之,构成体育教学系统的各个子系统的素质和结构决定了体育教学系统的整体功能和主要特点。

(二)学习理论

1. 学习理论概述

学习理论是研究人类学习行为,阐述学习基本规律的理论学说。它主要研究的对象为人类学习的本质及其形成的机制。从现代科学划分来看,它属于心理学理论研究的范畴。学习理论强调的学习泛指有机体因经验而发生的行为变化。

现代学习理论主要有三大学派,即行为主义学派、认知主义学派和人本主义学派。不同学派对学习的性质有不同的理解和

认识。“行为主义的学习理论强调学习刺激与反应的连接，主张通过强化和模仿来形成和改变行为；认知主义的学习理论强调学习是认知结构的建立与组织的过程，重视整体性和发展式学习；人本主义的学习理论强调学习是发挥人的潜能、实现人的价值的过程，要求学生愉快地、创造性地学习”。

通过对三大学派对学习性质的不同理解进行分析后，可以总结出，行为主义心理学家认为学习是“由经验引起的行为相对持久的变化”；认知心理学家认为学习是人自发的某种倾向性变化，这种变化要保持一定时期，而且学习也不能仅仅是出于生存的需要；人本主义者认为学习应“以学习者为中心”，重视学生潜力的挖掘和自学能力的发展。

2. 学习理论对体育教学设计的支持

学生是体育教学的客体，教学的目标也是以学生获得知识或掌握技能水平作为评定标准的。因此，体育教学的设计也必须要以尊重学生、重视学生的体育学习需求为基础，遵循学习的基本规律。因此，学习理论是学校体育教学设计的重要理论基础之一。

结合学习理论的基本原理，体育教学设计应根据学生的体育学习需要，确定学校体育的教学目标、教学策略、实施方案和教学媒体，充分发挥体育教学的教育功能，提高体育教学质量，促进学生身心的全面发展。

学习理论主要有行为主义、认知主义和人本主义三大学派，不同学派对体育教学设计的支持具体如下。

(1)行为主义学派对体育教学设计的支持主要体现在它重视对学生作业的分析、对教材逻辑顺序的研究以及对学生行为目标的分析。在此基础上，它还会考虑一些教学中更为复杂的因素，从而优中择优，力求设计出最优教学策略。此外，行为主义学派支持下的体育教学设计还强调及时对教学做出客观评价，如此循环往复，获得正确的反馈以使程序设计更符合逻辑性，为体育教学设计的分析、设计和评价提供必要的理论基础。

(2)认知主义学派对体育教学设计的支持主要体现在以下两个方面。首先是在体育教学设计中教师应重视学生特征对教学的影响,重视对体育教材内容的研究,并在充分研究了教材与学生实际情况后做好两者之间的协调,以期能够更具针对性地使学生顺利接受教材内容;其次是教师应对体育教学设计模式、教学方法和手段进行合理的选择,以使学生在原有体育知识和技能以及认知结构的基础上,顺利完成对新知识和技能的同化以及对认知结构的重新构建,提高学生学习体育的积极性和主动性,促进学生全面发展的目的的实现。

(3)人本主义学派对体育教学设计的支持主要体现在,在教学实践中充分挖掘学生的潜能、激发学生的主观思考意识,使学生能够在体育教学中真正获得快乐。人本主义在现代体育教学中的直观展现就是“以人为本”的体育教学原则。这在体育教学设计中也是要遵循的原则之一。因此在体育教学设计实践中,管理部门或体育教师必须重视对学生学习需要以及学习兴趣的分析,重视对体育教学策略和学校体育教学过程的分析,培养学生对体育学习的积极情感和良好动机,变“要我学”为“我要学”,使学生通过体育学习获得对自己有价值、有意义的体育与健康的知识和技能。

第二节 体育教学设计的过程与内容

体育教学目标、体育教学策略、体育教学媒体以及体育教学过程的设计既是体育教学设计的内容,也是体育教学设计的过程,下面就这几个内容的设计展开具体阐述。

一、体育教学目标的设计

体育教学设计中,体育教学目标的设计是首要环节,也是重要内容之一,对其他内容的设计都要围绕其来进行。

(一)体育教学目标概述

1. 体育教学目标的概念

体育教学中师生预期达到的学习结果和标准就是所谓的体育教学目标。对担任教学主体的教师而言,体育教学目标是教授的目标;对担任学习主体的学生而言,体育教学目标是学习的目标。

2. 体育教学目标的分类

(1)体育教学中认知领域的教学目标,按照从简单到复杂的顺序分为知识、领会、运用、分析、综合、评价六个层次。

(2)体育教学中情感领域的教学目标,按照价值内化的程度分为接受、反应、价值评价、组织、由价值或价值符合体形成的个性化五个层次。

(3)体育教学中动作技能领域的教学目标,分为知觉、定势、指导下的反应、机制、复杂的外显反应、适应、创作七个层次。

(二)体育教学目标设计的要求

在体育教学设计中,首先要将体育教学目标设计好,确保目标的科学性与合理性,这是保证体育教学活动顺利开展的基础与前提。具体来说,体育教学目标的设计需要遵循如下几个基本要求。

1. 表述确切

对体育教学目标的表述应该尽可能使用便于直接观察的行为动词,明晰地表述预期学习结果的外显行为变化。这样才能使体育教学目标直接地指导、调控体育教学活动。

2. 难度适中

难度适中指的是所制定出来的体育教学目标要处于学生的“最近发展区”,也就是学生经过努力可以达到的程度,这样的体育教学目标才能将自身的激励功能与作用发挥出来,才能将学生的学习自觉性与积极性调动起来。

3. 细化分解

要想使体育教学目标在体育教学实践中落实,就要对其进行细致的分解,使其成为具有可操作性的具体目标。细化分解教学目标也有利于把体育教学目标转化为行为目标或包含体验性、表现性目标的具体行为动作。体育行为目标和体验性或表现性目标是衡量体育学习目标达成与否的具体指标,因此,体育教学目标的细化分解直接关系到体育教学效果的优化和教学质量的提高。

(三)体育教学目标的设计步骤

体育教学目标的设计需要按照如下步骤来进行。

1. 分析教学对象

分析体育教学对象即分析体育学习者的学习需要、一般特点、起始能力和学习风格等。分析体育学习需要,及时发现问题,采取有效解决办法,确定学习者现状和目标之间差距等环节,是我们确定体育教学目标的基础和依据。同时,体育学习者的一般特点、学习风格和体育与健康知识、技能起点也制约着体育教学目标的实现,因此也是需要考虑的重点。

2. 分析教材内容

在体育教学目标的设计过程中,需要深入地分析体育教材内容的特点、功能,明确学习者应掌握哪些体育与健康的知识、技能,培养哪些心理品质和社会适应能力,清楚应在哪些方面加强学生的思想品德教育并了解应加强学生的哪些体育活动能力。

分析体育教材内容的目的在于确定体育教材内容的特点、功能、范围和深度以及选择体育教材内容的依据等,使体育教材内容更好地为实现体育教学的目标服务。

3. 编写教学目标

一般认为,一个完整的、明确的体育教学目标应包括教学对象、学生的体育行为、确定行为的条件及程度四个部分。这四部分适用于认知、动作技能、情感等不同领域体育教学目标的编写。

二、体育教学策略的设计

(一)体育教学策略概述

1. 体育教学策略的概念

体育教学策略,是指体育教师为促进特定体育教学目标的顺利实现而采用的体育教学组织形式、教学方法、教学手段等因素的总体思路、谋略或智慧。

2. 体育教学策略的特点

(1)目标性

体育教学策略是为了解决体育教学中实际发生的问题而提出的具体方案。因此,体育教学策略的设计一定要有明确的目标,这就是其目标性特点。

(2)多样性

体育教学策略是为了解决教学问题而提供的方法。因此,只有多样的策略才能为解决问题提供坚实的基础,才能适应复杂多变的体育教学过程。

(3)实践性

前面已多次提到体育教学策略是为解决体育实际教学过程中出现的问题而存在的。因此,体育教学策略的制定依据要从教学实践中获取,那么自然由此产生的策略也就带有实践性的特点,如此体育教学策略才具有可操作性,才可在教学过程中能够发挥实效。

(4)可控性

体育教学策略的可调控性表现在通过它可以使体育教师良好地掌控和管理体育教学过程,灵活组织体育教学活动。

(5)综合性

体育教学策略不是单一方面的教学谋划,而是某一范畴内具体教学方式、措施等的优化组合。因此,对体育教学策略的设计应全方位地考虑体育教学中所有构成要素及其之间的关系,以达到切实适应体育教学实践的目的。

(二)体育教学策略设计的原则

在设计体育教学策略的过程中,需要遵循如下几个原则。

(1)体育教学策略的设计应逻辑清晰、层次分明、内容完整,使体育教学内容的层次与学生的学习程序有机结合起来。

(2)体育教学策略的设计应具有一定的指导作用,在学生尝试做出所要学习的行为表现时给予指导和提示,同时避免学生过分依赖教师。

(3)体育教学策略的设计应明确阐述教学目标,并尽量展示出学生在学习结束后应出现或完成的行为表现,使学生对需要掌握的知识技能有学习的方向性。

(4)体育教学策略的设计应注意将学生的学习兴趣和积极性调动起来,使学生的学习欲望得到强化,加强其学习的内驱力。

(5)所设计的体育教学策略要能使学生在学习中获得成功,为进一步学习新知识、完成新的学习任务奠定基础。

(6)体育教学策略的设计应注重使学生不断或定期地巩固或练习新学的知识或技能,能够加强记忆和实现迁移,不断提高学生对知识和技能的运用能力。

(7)体育教学策略的设计应体现“以人为本”的体育教学特点及原则,充分考虑不同学生的差异性,重视学生的身心健康发展,促使每一个学生都能在各自原有的基础上不断进步。

(三)体育教学策略设计的依据

在设计体育教学策略时,需要全面考虑以下教学要素,以确保体育教学策略的有效性。

1. 教学目标

体育教学策略可以为体育教师制定课堂教学策略提供一个大的方向,体育教学策略是完成特定学校体育教学目标的方式,教学策略应符合体育教学目标的要求。

2. 学习和教学理论

体育教学策略的设计应以教师的教学理论与学生的学习理论为理论基础,突出科学性。

3. 教学内容

内容决定方式,体育教学策略就是完成学校体育教学内容的方式。

4. 教师能力

教师是教学策略的执行者,体育教学策略的设计必须充分考虑教师的条件,再完善的教学策略,如果教师不能驾驭,也是无效的。

5. 学生特点

教学策略的执行对象是学生,因此教学策略必须围绕学生展开,充分考虑学生的特点。

6. 教学条件

教学策略的实施会受到学校客观教学条件的制约,因此,制定学校体育教学策略要充分考虑学校的客观条件。

(四)体育教学策略设计的步骤

体育教学策略的设计过程并不是杂乱无章的,具体可以按照以下三个步骤来进行。

1. 确定体育教学顺序

体育教学的顺序是指教学过程进行的前后次序，主要包括体育教学内容呈现顺序、体育教师活动顺序、学生活动顺序三方面内容。这三方面相互联系、相互配合。其中，体育教学内容呈现顺序是主线，体育教师活动顺序和学生活动顺序是位于第二位的。

2. 设计体育教学组织形式

体育教学组织形式是教师与学生为实现体育教学目标所采用的各种方式，主要包括班级教学组织形式（或称全班教学）、分组教学组织形式、个别教学和复式教学四种。科学地确定体育教学组织形式，有助于培养学生的体育情感、提高学生的学习质量、发展学生的个性。

3. 选择体育教学方法

在体育教学实践中，合理选择体育教学方法有利于调动学生的学习积极性和主动性，提高体育教学的质量，优化教学的效果。教师在选择体育教学方法时，应充分考虑具体的教学目标和任务，教材内容的性质和特点，学生的实际情况，教师自身条件，教学条件，教学方法的功能、适用范围和使用条件等（表 5-1）。

表 5-1　常见体育教学方法及内容

体育教学方法	内容
以语言传递信息为主的体育教学方法	讲解法、问答法和讨论法等
以直接感知为主的体育教学方法	动作示范法、演示法、保护与帮助法、视听引导法等
以身体练习为主的体育教学方法	分解法、完整练习法、领会教学法和循环练习法等
以探究活动为主的体育教学方法	发现法和小群体教学法
以情景和竞赛为主的体育教学方法	运动游戏法、运动竞赛法和情景教学法

三、体育教学媒体的设计

(一)体育教学媒体概述

1. 体育教学媒体的概念

体育教学媒体是体育教学信息的载体,是将教授者与学习者连接起来的中介物,是对体育教学信息进行传达的工具。

2. 体育教学媒体的分类

以体育教学媒体感官通道的区别为依据,可以将体育教学媒体划分为四类,即听觉媒体、视觉媒体、视听媒体以及综合媒体。

(二)体育教学媒体的选择

1. 选择体育教学媒体时需要考虑的因素

在体育教学过程中,不可避免地要进行教学媒体的选择,具体就是在一定教学要求和教学条件下,对适宜可行的一种或一组教学媒体进行选择。通常来说,在对体育教学媒体进行选择时,需要对学生因素、学习任务因素、媒体因素、经济因素、教学管理因素等相关要素进行考虑,确保所选的体育教学媒体能够发挥自身的功能与作用。

2. 体育教学媒体的选择程序

一般地,对体育教学媒体的选择可以按照四个步骤来进行,即对必须由媒体表现的教学内容加以确定→对可供媒体选择的类型进行甄别→对低耗高效的媒体加以选择→对媒体出示的实际、方式、步骤和次数进行设计。

(三)体育教学课件的制作

1. 体育教学课件的定义

体育教学课件指的是以体育教学的目标、特点和内容为依据,结合计算机多媒体技术而专门设计的辅助体育教学的软件,因此也用体育多媒体课件来称呼体育教学课件。[①]

2. 体育教学课件的制作方法

(1)制定体育教学课件制作计划

对体育教学课件制作计划的制定主要包括以下几方面的内容。

首先,对课件开发各环节工作的相关情况(主要内容、开展顺序、涉及人员、所需物资设备、完成方式和日期等)进行确定。

其次,在第一步的基础上将框架结构和大概步骤列出来,并加上必要的备注予以说明(简单即可)。

最后,串接各部分结构使之形成系统的简单清晰的工作流程。在这里需要提醒一点,不要将工作流程误认为是程序开发流程图。制定工作流程主要是为了对整个工作的开展进行系统把握,确保思路清晰。在最后的工作流程中,应包括相关步骤;任务的完成时间、完成标准;需要注意的事项等关键内容。

(2)设计体育教学课件内容和结构

在设计体育教学课件的内容与结构时,要注意使之与相关要求相符,所选的内容要能够受到学生的欢迎和喜爱,能够将学生的学习积极性调动起来,能够取得良好的效果。

设计体育教学课件内容时,要注意内容要健康向上,要科学准确,要有利于对学生意志品质与竞争意识的培养。设计课件结构时,要注意突出重点,有清晰的层次,各个层次之间密切相关,

---

① 杜俊娟.体育教学设计[M].北京:北京体育大学出版社,2007.

利于控制，还要对不同的子结构进行合理的搭配。

四、体育教学过程的设计

（一）体育教学过程的概念

体育教学过程指的是在教师的指导下，学生积极主动地掌握系统的体育卫生保健知识、技术与技能，增强体质、增进健康、促进身心全面发展的一个认识和发展过程。[①]

体育教学过程是体育教学目标不断实现的过程。在这个过程中，教师对学生进行有目的、有计划、有组织的教导；而学生在接受教师教导的同时积极主动地掌握知识，提高自身的能力，增强自身的体质健康水平，不断促进自己身心的全面发展。

（二）体育教学过程流程图表示法

体育教学过程的设计主要采用流程图的形式来进行，以此来简洁地反映和分析设计阶段的结果，对教学过程进行表达，将体育教学过程中教师、学生、学习内容之间的关系直观地描述出来，为体育教师提供一个有价值的教学设计方案。

流程图可以对大部分体育教学内容的操作过程进行表示，流程图中用到的符号必须符合规定，如图 5-1 所示。用流程图表示教学内容的操作过程具有很多优点，如简单易操作，修改时比较容易，交流也很方便。将体育教学过程用流程图表示时需要对以下几个内容加以注意。

首先，需要将各步骤的内容在方框内做简要说明。

其次，可将需要了解的信息标注在框图上。

最后，不能将反馈回路断开，其是闭路循环。

---

① 杨雪芹，刘定一．体育教学设计[M]．桂林：广西师范大学出版社，2005.

符号	表示的意义
	教师的活动
	媒体的应用
	学生的活动
	过程进行的方向
	教师进行逻辑判断

图 5-1

(三)体育教学过程设计中所用的流程图类型

体育教学过程的设计中用到的流程图有多种多样的形式,下面重点阐述体育课堂教学中用到的几种流程图。

1. 示范型

体育教学中,教师普遍会使用示范型方法展开直观的教学,这就需要教师亲身参与到身体活动中。针对运动类的教材内容设计体育教学过程,必然会采用示范型设计手段。图 5-2 表示的是示范型教学过程设计流程图。

2. 练习型

在体育实践课中,学生的身体练习是主要教学内容,教师不可避免地会通过亲身示范或播放媒体视频来向学生传授动作完成的路线、结构与重点,学生通过观察教师的示范或播放的视频进行具体的模仿,经过不断练习来掌握技术动作。图 5-3 所示的是练习型教学过程设计流程图。

3. 探究发现型

在体育教学中,教师要有意识地引导学生积极思考,勤于动脑,发散思维,探究事物的原因与规律等,使学生能够自己找出问题,并解决问题,提高其自主学习的能力,这不但能够对学生的学习主动性进行激发，还能够对学生的思考、探究与解决问题的能力进行培养。图 5-4 所示的是探究发现型教学过程设计流程图。

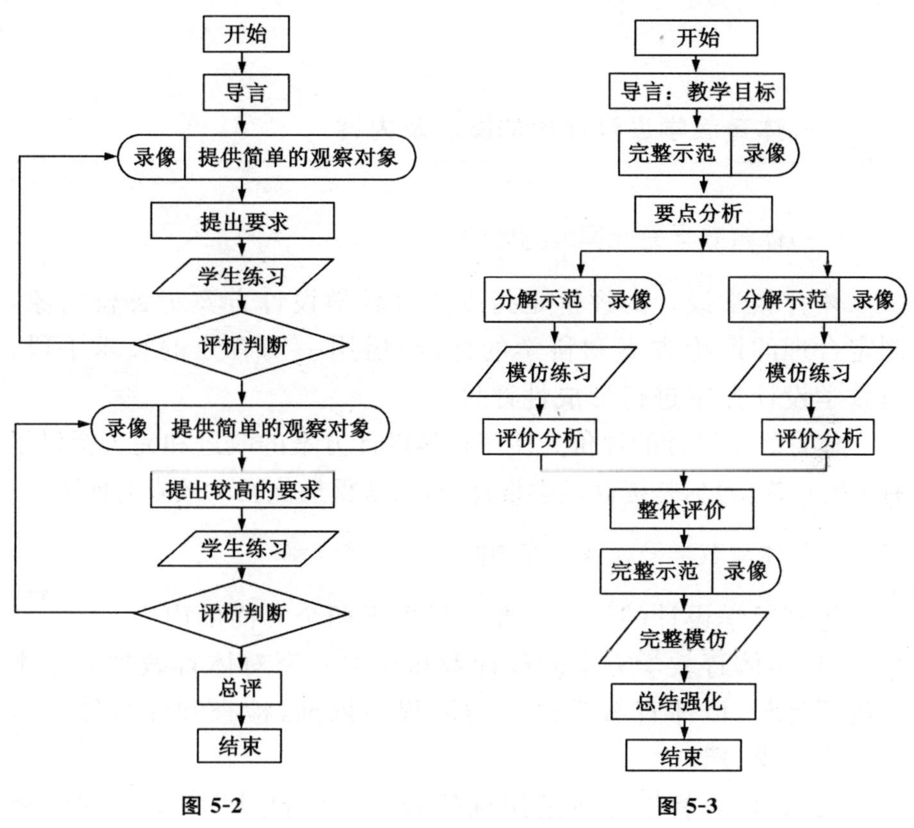

图 5-2　　图 5-3

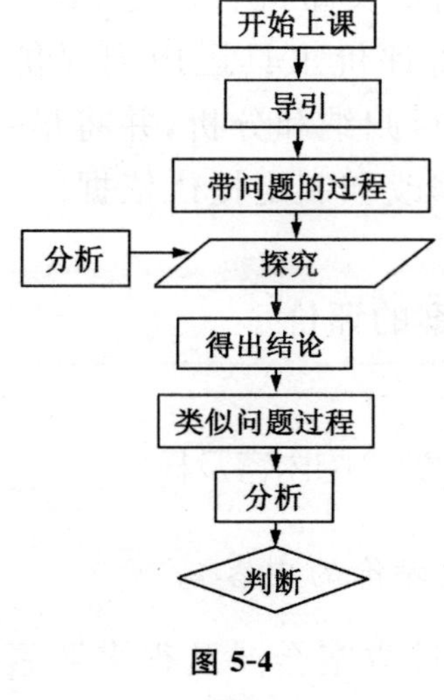

图 5-4

第三节　体育教学设计的评价

一、体育教学设计评价的概念及内容

(一)体育教学设计评价的概念

体育教学设计的评价是指以体育教学设计方案为评价对象，制定合理的评价方案和科学的标准，运用一切有效的技术手段，对教学设计方案进行形成性评价。

体育教学设计的评价为体育教学设计方案的改进和完善提供了有效的反馈信息，是提高教学设计质量、获得最优教学效果的保障。

(二)体育教学设计评价的内容

体育教学设计的评价主要包括以下两个方面的内容。

(1)由体育教学方案的设计者和相关专家对体育教学方案本身进行评价，以体育教学设计的流程为依据，检查和评价体育教学各个要素设计。

(2)将体育教学方案运用到体育教学实践中，根据形成性评价的要求，对收集资料的类型进行确定、对评价标准进行制定、对被试加以选择，然后将评价工具运用到评价教学过程的环节中，最后对回收的资料进行归纳和分析，并将最终的评价结果报告做出来，为教学方案的修改和制定提供依据。

二、体育教学方案的评价

(一)体育教学方案评价的内容及标准

1. 体育教学方案评价的内容

评价体育教学设计方案会涉及很多要素，主要有体育教学目

标、体育教材内容、体育学习者、体育教学策略、体育学习需要、体育教学过程以及总体上影响体育教学实施效果的因素——体育教学模式、体育课的类型以及体育课的结构。

2. 体育教学方案评价的标准

(1)体育教学目标是体育课的类型和结构的评价标准。

(2)体育教学模式的评价标准是体育教学目标和体育学习者。

(3)体育教材内容的评价标准是体育教学目标、体育教材的分析中呈现的功能。

(4)体育学习者的评价标准是体育教学对象应具有的学习起点、一般特点和学习风格。

(5)体育学习需要的评价标准是体育教学目标与体育学习者目前的现实状态的差距。

(6)体育教学目标的评价标准是体育与健康课程的领域目标、教学对象的特点和学习需要。

(7)体育教学策略的评价标准是教学方案中所采用的教学策略是否能有效达到教学目标,是否符合体育学习者的特点,是否适合该体育教学内容。

(8)体育教学过程的评价标准是,是否为体育教学过程所呈现的分析结果,以及设计结果的整体功能是否大于部分功能之和。

(二)体育教学方案评价的方法

(1)设计者根据体育教学设计的流程,逐一检查和评价涉及的各个要素,为修改和完善设计方案提供反馈信息。

(2)学校请有关的体育理论专家、体育学理论专家以及体育教学研究者对教学方案进行全方位的评价,为设计者改进体育教学方案提供理论支持,以便使方案能够更好地服务实践。

(3)工作在第一线的体育教师,结合自身对体育教学的感性和理性认识,结合体育教学设计的要求,对体育教学方案进行评估，为教学设计者提供建议。

（三）体育教学方案评价的意义

体育教学方案的评价是体育教学设计评价的第一步，是形成最优化体育教学方案的关键内容。体育教学方案评价的意义具体表现如下。

第一，体育教学方案评价有利于促进体育教学设计理论的不断发展。

第二，体育教学方案评价有利于检查体育教学方案的完整性、科学性和合理性。

第三，体育教学方案评价有利于体育教师熟练地掌握体育教学设计的流程和操作技术。

第四，体育教学方案评价有利于提高教师对体育教学过程整体性的再认识。

第五，体育教学方案评价有利于使教学方案在实施之前得到最大程度的优化，从而显著提高体育教学的质量和水平。

三、体育教学设计评价的程序

（一）制定体育教学设计评价方案

1. 选择评价工具

在体育教学设计方案形成性评价中，有以下三种评价工具经常会用到。

（1）测验。对体育与健康的认知目标的信息进行收集时，通常使用测验的方法。

（2）征答表。对学习者情感、态度和价值观的培养效果信息进行收集时，通常采用征答表。

（3）观察表。对动作技能的水平信息进行收集时，通常采用

观察表。

2. 设计方案的试用和资料收集

体育教学设计方案的试用和相关资料的收集是同时进行的，其基本步骤如下。

(1)向学生说明须知

在教学过程展开之前，应该让学生对试用教学设计方案的有关情况有所认知，如使学生知道，试用方案主要是为了对设计方案的质量进行了解，而不是要测验学生的能力，这样学生的紧张与焦虑感就会慢慢消除。此外，还需要使学生了解试用方案的程序、执行方案需要花费的时间、即将参加哪些类型的活动、参与活动需要注意什么、需要对哪些资料进行收集等。

(2)严格实施教学

按照教学设计方案展开的具体教学应具有可复制性的特点，即对第一组被试进行教学后，受试者的学习水平应达到预期的教学目标的要求。对第二组被试进行教学后，也应得到与第一组被试大致相同的教学效果。为此，教学设计方案必须是完整的，必须保证教学严格按照教学设计方案进行。

(3)观察教学过程

在体育教学方案试用时，应该安排一定的观察者，对整个教学过程进行安排，并做好记录，记录主要包括以下内容。

第一，学生提出哪些问题，问题的性质和类型。

第二，教师是如何处理这些问题的。

第三，各项体育教学活动花费的时间。

第四，教师如何指导各项教学内容的学习。

第五，在整个学习过程中，学生的注意力及主动性如何。

(4)后置测试与问卷调查

在对体育教学设计方案进行试用后，通常要将某种形式的测验和问卷调查及时展开。测验主要是对学习者的学习成绩资料进行收集；问卷调查主要对有关人员对教学过程的意见进行收集。可以分开印发测验题和问卷表。后置测试与问卷调查通常是在教学试行后立即着手进行，但如果为了了解教学设计方案的试行效果，收集成绩资料和测验的时间就应该适当推延。

3. 制定评价方案

体育教学设计评价中，制定设计成果的评价方案是一项重要的基础工作，它需要详细说明：在体育教学活动的每一个环节中，应对哪些资料进行收集才能确定设计成果的有效部分，才能了解哪些部分需要进行改进，才能清楚需要建立怎样的标准来解释收集的资料，也才能明确评价所需要的条件。

制定体育教学设计评价方案阶段，应先收集反馈信息，主要有体育教学过程信息、学生的学习成绩信息。在此基础上再确定评价标准、选择被试、阐明设计方案试用的背景条件。

（二）归纳整理和资料分析

归纳整理和资料分析的具体做法如下。

(1)对比各类数据与标准之间的差距，对各种现象的相互关系进行考察。

(2)经过分析后对发现的重要问题进行解释，并采取合理的方法对自己的解释加以证实。

(3)教学设计者可以就发现的问题咨询有关专家，目的是证实初步分析的结果和寻找改进意见。

（三）报告评价结果

体育教学设计方案的修改工作不一定马上进行，也不一定由原来的方案设计者着手参与，所以，需要以书面报告的形式来将试用和评价的有关情况和结论呈现出来。形成性评价报告的内容主要包括：体育教学设计方案的名称、试用（宗旨、要求、范围）、评价（项目、评价者情况、时间）以及改进意见。

除了撰写评价报告之外，还应将相关的书面材料附在报告

后，如评价数据概述表、采访记录、有关分析说明等。

第四节　体育教学计划的制定与相关案例

一、学年体育教学计划的制定

（一）制定内容

1. 设计教学目标

年度体育教学目标是年度教学的方向，在对年度体育教学目标进行设计时，应根据学校定位以及教材特点、学生身心发展状况、教学环境等方面的情况来确定。此外，还应全面考虑其他年度教学工作。

2. 分配教学时数与内容

在制定学年教学计划时，应对课时数和教学内容进行合理分配，这对体育教学活动的开展具有重要的影响。在教学过程中，每一学科都会有相应的课时数，课时数合理才能保证教学活动的正常开展。在安排学年教学计划时，应将体育教学内容合理分配到各学期中去。

3. 设计年度考核和评价

对年度体育教学工作进行考核和评价是制定年度教学计划的重要内容。在制定相应的考核方案时，应对教学效果进行科学的预测，使得考核和评价标准尽可能地符合实际。

4. 提出具体的教学要求

在制定好相应的年度体育教学计划之后，还应根据体育教学

大纲规定的年度教学目标，对体育教学提出具体的要求。

（二）制定要求

1. 体育教材内容的安排要有系统性

学年体育教学计划应与其他学年的体育教学计划相互衔接，使得各项教学工作层层深入、循序渐进。在学年教学计划制定过程中，应综合考虑目标、内容和课时等各项要素的关系，使得体育教学工作能够有序开展。体育教学计划的制定要具有系统性，要处理好各教材之间的衔接、过渡。

2. 体育教材内容的安排要全面、合理

在整个学年阶段，体育教材的安排应合理，在不同的学期使用不同的教材，在教材使用时，要注重不同教材之间的合理搭配。如果体育教材内容安排不合理，学生在学习过程中可能会出现相应知识和技能的遗漏现象。

3. 体育教材内容的安排要有季节性

体育教材内容的选择应注意与当地气候条件相适应，根据气候和环境特点来安排相应的教材内容。例如，在冬季时可安排足球、滑冰等项目课程；在夏季时，则可安排游泳等项目。

（三）相关案例

学年体育教学计划案例以大学一年级 2014—2015 学年形体教学为例。本案例按照新课改精神，以传统学校中的传统项目为出发点，对艺术体操的基本练习、舞蹈、健身健美操以及基础身体素质训练等内容进行了设计，对学生形体训练技能的提高有很大的帮助。具体参考表 5-2。

表 5-2　2014—2015 学年形体体育教学计划

教材内容			全年时数	第一学期 时数	第一学期 课次	第二学期 时数	第二学期 课次	百分比(%)
教材分配	形体基本知识		2	1	2	1	2	5
	姿态练习		5.5	4.5	9	1	2	14
	艺体基本练习	1. 手臂摆动	1			1	2	24
		2. 波浪练习	2	2	4			
		3. 足尖柔软步	2.5	2.5	5			
		4. 跑跳步	4			4	8	
		5. 波尔卡						
	舞蹈	1. 民族舞	7	3.5	7	3.5	7	26
		2. 现代舞	3.5			3.5	7	
	健身健美操	1. 有氧活力操	2.5	2.5	5			16
		2. 韵律操	3	1.5	3	1.5	3	
		3. 健美操						
		4. 健身操	1			1	2	
	基础训练	1. 擦地	0.5	0.5	1			12.5
		2. 下蹲	1.5	1.5	3			
		3. 踢腿	2			2	4	
		4. 摆腿	1			1	2	
	身体素质练习		1	0.5	1	0.5	1	2.5
	选用教材							
	总计		40	20	40	20	40	100
考察项目	第一学期							
	第二学期							

二、学期体育教学计划的制定

(一)制定方法

(1)在进行学期体育教学计划制定时,应以学年教学计划为基本依据，在此基础上制定学期体育教学基本目标和方法。

(2)对各方面的体育教材进行合理搭配，使得相关教材出现的次数合理。

(3)在对各单元的规模和内容进行设计时，应根据体育教学目标和教材的性质来进行。

(4)根据本学期各个教材出现的次数组合成不同规模的单元，可以形成“单一教材单元”和“组合教材单元”。

(5)将本学期的各主要单元(技能教学为主)安排在学期的各周之中。可先安排考核课次，在此基础上确定相应的排列次序。

(二)制定要求

1. 教材的安排应充分考虑系统性和连贯性

在进行学期教学计划设计时，应注意技术动作之间的联系，按照由易到难和循序渐进的原则设计，而且要注意在联系旧教材的基础上安排新的教材。在安排相应的教材时，还应注重各项技术动作之间的关系，对于相互之间能够形成一定的干扰的教材内容可间隔安排。

2. 教材的安排要注意学生的学习和生理负担

现代体育教学更加注重学生的全面发展，因此，在安排相应的项目时，还应考虑这些项目对学生身体发展的作用以及其负荷对人体各部分的作用，尽可能地使学生的身体得到全面的发展。

3. 要合理安排不同形式的教学单元

有些技术动作的学习较难，对人体能量的消耗相对较大，有些则正好相反。因此，要注重这些技术动作的特点，对此进行交叉排列。另外，还要根据相应的教学目标来安排不同规模的教学单元。

(三)相关案例

学期体育教学计划以高一年级第一学期的体育教学计划为例,具体参考表 5-3。

表 5-3　高一年级第一学期的体育教学计划

	教材类型	教学内容	课时安排																		总计学时
			1	2	3	4	5	6	7	8	9	10	11	12	13	14	15	16	17	18	
教材分配	精学教材	篮球	1	3	3	3	3	2													15
		武术											3	3	3	3	3				15
	简学教材	羽毛球							3	3	2	2									10
		毽球																3	2		5
	介绍性教材	介绍体育运动文化项目知识,每学期 2～3 学时																			
	锻炼类教材	各种专项练习和基本素质练习,融于实践课中经常练习																			
	体育与健康知识	知识类教学内容	1									1								1	3

三、单元体育教学计划的制定

(一)制定方法

在设计单元教学计划时,应根据单元教学设计的要求确定教材的总教学目标和教学重点,在此基础上确定每次课的教学目标,并确定每次课的重点和难点,选择相应的教学方法和手段,最后还要确定相应的考核方法和标准。具体方法如下。

(1)以教材和教学目标为依据对单元的性质加以明确。

(2)以单元的性质为依据对单元的规模加以调整,确定教学

时数。

(3)以某个单元教学设计原理为根据,或者通过对某个体育教学模式进行参照来对该单元教学过程进行设计,具体的工作就是对每次课的教学目标和任务进行制定。

(4)对适当的教学方法进行选择,并将其填充到各节课中。

(5)对某项教材的考核与评价方法进行确定。

(二)制定要求

在制定单元教学计划时,应注意以下几点要求。

1. 体育教学指导思想要明确

在不同教学思想的影响下,会出现不同的教学设计和教学计划,因此而产生的教学效果也会不同。所以,在教学过程中,应坚持正确的体育教学思想,并将其贯彻在体育教学的始终。

2. 要认真钻研体育教材

在制定相应的单元教学计划时,应认真研究体育教材、全面掌握教材内容,对于教材的结构特点认真把握。这样才能够对各项技能结构进行熟练掌握,才能够使单元中的每节课形成相应的前后联系,能够使学生抓住学习的重点。

3. 要认真设计教学过程

在设计单元教学计划时,应在有限课时的基础上,精心设计相应的教学过程,使有限的课时数发挥最大的效益。在教学实践过程中,应尽可能地使学生在有限的时间内得到更多的学练机会,获得更多的知识和技能。

(三)相关案例

单元体育教学计划案例以过障碍能力练习为例。在制定这一方面的单元教学计划时,教师要充分考虑学生的学习情况,明

确单元教学目标，具体参考表5-4。

表5-4　过障碍能力练习单元教学计划

课次	达成目标	教学内容	教学的重点、难点	教学主要策略
1	通过学习，使学生对突破障碍的基本方法加以掌握，促进学生速度、弹跳、灵敏、协调能力以及基本活动能力的提高，从而对学生的拼搏精神与主动参与意识进行培养	1. 越过矮墙 2. 钻过空洞	重点：提高征服障碍的能力 难点：合作探究越过障碍的方法	1. 使学生对突破障碍的规定动作加以学习与掌握，并在练习中形成并提高一定的能力 2. 对学生进行启发引导，使其对新的突破障碍游戏进行创编 3. 各小组独立创编越过障碍的练习方法 4. 集体动手布置障碍
2	使学生对突破障碍的技能加以掌握，对其团结、合作、竞争等意识和能力进行培养。通过情境教学对学生的体育锻炼兴趣和坚韧的意志品质进行培养	情境教学课题：军营一天	重点：正确、快速地通过障碍物 难点：以协调连贯的动作通过障碍物	1. 对学生的“爬过铁丝网”的尝试练习进行指导 2. 采用多媒体对“爬过铁丝网”动作进行演示 3. 师生共同探讨“爬过铁丝网”的最佳方法 4. 学生以自己的实际情况为依据对最佳方法和器材加以选择，进行自主练习

四、课时体育教学计划的制定

课时教学计划是教师对一节体育课的全过程的各个环节进行的教学设计活动，其以教案的形式呈现。按体育课的类型，体育课教案可分为理论课教案和实践课教案。

（一）理论课教案的制定

1. 理论课教案的制定格式

理论课教案是体育教学的各方面内容在时间上有序展开过程的书面形式，具有不同的格式。体育理论课教案的制定格式示例见表 5-5。

表 5-5 体育理论课教案格式示例

课的结构	教学内容与过程	板书与教法
导入部分		
展开部分		
结束部分		
教具		
课后小结		

2. 理论课教案的制定技巧

从整体而言，体育理论课教案应有教学设计、详案（提纲）和祥案（讲稿）之分。设计体育理论课教案实际就是分析与说明课的特点、重点、学生情况、教学策略等。理论课教案中应包括的内容主要有教学目标、教学内容、课时安排、教学重点、教学方法等。设计理论课教案应注意要有明确的目标、重点要突出、张弛有度、具有较强的逻辑性。

（二）实践课教案的制定

1. 实践课教案的制定格式

实践课教案的制定格式主要有文字式教案和表格式教案。下面重点阐述一下常用的表格式教案。

表格式教案是指运用图标的形式将教案的内容合理地分配到每一栏当中。这种形式的教案一目了然，方便体育教学活动的开展。表 5-6 和表 5-7 是两种常见的表格式教案格式。

表 5-6　表格式教案格式 1

教学内容					
教学任务					
课的结构	课的内容	组织教法	次数	时间	强度
场地器材		预计心率曲线		预计练习密度	
课后小结					

表 5-7　表格式教案格式 2

教材					任务		
教学顺序	时间	练习时间		教学内容	重点、难点	组织教法	场地及队形
课后小结		器材		预计心率曲线		预计练习密度	

2. 实践课教案的制定技巧

在设计体育实践课教案的过程中，教学目标、要求与内容；师生活动；课堂教学组织方法；课堂的练习负荷和密度等都是非常关键的要素，因此要对此进行精心设计。

（三）相关案例

学时体育教学计划案例以健美操健身为例，具体参考表 5-8。

表 5-8　健美操课时计划

教学内容	健美操概述及锻炼内容
教学目标	1. 对健美操基本知识、价值进行初步了解与掌握 2. 对正确的身体姿势和锻炼方法加以掌握，促进学生身体控制能力和协调能力的提高 3. 对学生良好的学习习惯进行培养，对学生的健美操锻炼兴趣进行激发，并对其团结、配合、创新的精神进行培养
重点	促进正确审美观的树立与良好身体姿势和锻炼习惯的养成
难点	合理的运动方法，身体姿势的控制
场地器材	投影仪、多媒体教室、电脑、课件、图片
课后小结与反思	本次课中合理采用了教学手段，充分利用了多媒体技术，将传统教学模式突破，有利于学生学习兴趣的激发和健美操教学质量的提高。这为以后的体育教学活动提供了一个很好的借鉴模式。以后的教学活动中，可以将多媒体技术充分利用起来，突出教学的直观性特征

上述健美操课时计划的制定体现了对“健康第一”思想与理念的贯彻，这样的健美操课有利于对学生的学习兴趣进行激发，有利于对学生的学习能力进行培养，从而使学生的健美操技能不断提高，实现全面发展。课时计划中，对多媒体手段(计算机、录像机、摄影等)进行了充分利用，通过这些手段来对健美操知识进行介绍，有利于将学生的主观能动性充分发挥出来。

第六章 体育教学评价活动的有效组织与开展

体育活动是由多种因素或环节所构成的，内容也相对较为复杂，对体育教学做出正确评价能够对体育教学活动的开展起到很好的促进作用，并能对体育教学活动进行合理的规划，使之更加科学、合理。本章就体育教学评价活动的有效组织与开展进行研究。

第一节 体育教学评价概述

一、体育教学评价的概念

体育教学评价是判断体育教学活动价值及优缺点的过程，在这一过程中，必须具有一定的教学目标和相应的标准作为其判断的依据。体育教学评价是在系统的调查和分析的基础上进行的，依据相应的教学评价，学校和教师对教学过程的各方面进行相应的调整。

有学者将体育教学评价的定义界定为：体育教学评价，是按照一定的教学目标，运用科学的教学方法，依据相应的评价标准，对体育教学的过程和结果等给予的价值评判，其目的在于为改进体育教学的质量提供相应的信息和依据，最终实现学生的全面发展。还有的学者则认为，体育教学评价是依据体育教学目标和原则，对“教”和“学”两个方面进行的价值判断和测评。

通过对上述定义进行归纳可知，体育教学评价是对结果和过程的价值判断，它既包括对教师也包括对学生的评价，同时，它对教学活动的目标、内容、手段、方法等各方面诸多因素都会进行相应的评价。其评价的重点则在于体育教学的质量和学生的学业成就。

体育教学的评价具体包括体育“教”与“学”两个方面的内容。在体育教学过程中，学生的学习能力、学习态度和学习成绩等方面的变化，都在一定程度上反映了体育教学的结果。对体育教学活动的结果进行评价和分析是对上述内容的评价和分析。因此，对学生的“学”进行评价和分析，也是体育教学评价的重要内容。

总而言之，体育教学评价既包括对体育教师的各方面工作、能力和态度的评价，也包括对学生的学习能力、效果和态度等方面的评价。

二、体育教学评价的内容

（一）教师对体育教学过程的评价

教师对教学过程或是教学结果的评价是提高教学质量的重要手段，一般可将体育教学评价分为两种评价形式，一种是教师对自身教学状况的自我评价；另一种则是教师之间的互评。教师的教学形式丰富多样，其一般的教学行为都包含在备课、课堂组织、练习指导、学生成绩考核等多种教学活动之中。

针对不同教学行为会有不同的评价标准，如对体育教师的备课情况进行评价时，要看其是否对教学内容和学生的具体情况进行了研究，能否对教学目标、教学内容和教学方法进行准确把握，从而形成科学的教学方案，其教学方案能否促进学生的全面发展；而对于体育教学的组织情况进行评价时，则应看教师是否能够选择正确的教学方法，调动学生学习的积极性，使学生取得良好的学习效果。

(二)教师对学生学习的评价

教师对学生的学习过程进行评价是体育教学评价的重要方面,也是较为传统的一种评价方式。教师对学生的学习进行评价有两种方式,分别能够起到不同的效果。其一是对其学习过程进行评价,从而激励学生努力学习,促使学生改进学习方法,它一般包括对学生的学习态度,投入程度,知识、技能的掌握和运用能力以及合作精神等方面的评价;其二是对学习的结果,即对学习成绩进行评定,对一阶段之内学生的学习活动进行综合性的评价,能够在一定程度上对学生所掌握的相应的知识和技能的多少或熟练程度进行了解。

在对学生的学习成绩进行评价时,应结合多种方式进行,综合反映学生的学习成绩。同时,还应注意学生自我评定和学生他人之间的评定,使得成绩评定更为客观公正。

(三)学生对体育教师教学的评价

学生对体育教师的教学过程进行评价也是现代体育教学评价的重要内容,一般可将其分为课堂教学内容和教学方法的实时反馈以及有组织的学生评教活动两种形式。课堂教学内容和教学方法的实时反馈是非正式的评价活动,学生在学习过程中,通过对教师的教学活动做出相应的评价和反馈,能够使得教师更好地把握教学的重点和难点,并能够为教师选择更好的教学方法提供必要的依据。而学生的评价活动则能够在一定程度上反映教师的能力、教学态度、教学内容和教学效果等各方面的内容,形成对教师教学的综合性的客观评价。

在评价过程中,一般会让学生从“责任心”“知识讲解情况”“关心学生”等方面对教师进行评价。通过这种方式的评价能够更好地促进教学的民主化发展,但是这种方法的弊端在于使得教师出现讨好和迁就学生的现象。

(四)学生对体育学习过程的评价

在体育教学中,学生的学习是一个动态的过程,通过学生对体育学习过程进行评价，能够使学生对自身的学习状况进行分析，还能够在一定程度上促成对学生民主素养的培养。一般而言，学生对体育学习过程进行评价包括两种形式，即为学生的自我评价和学生之间的相互评价。在体育教学过程中，一方面要强调和重视学生的评价；另一方面又不能完全依赖学生评价。

（五）其他评价

其他评价有多种形式，包括专家评价、家长评价、媒体评价以及社会各方面的评价等。在体育教学过程中，这些评价可作为一种重要的辅助性评价，为体育教学的改革和发展提供必要的依据。

关于体育教学评价的对象和内容的优缺点以及当前重要性和使用频率，可参考表 6-1。

表 6-1　对各种体育教学评价的分析

	评价方式	优点	缺点	当前重要性	使用频率
1	教师对学习过程的评价	评价的主体是最有经验的教师，而评价的对象是生动的教学过程，评价及时而生动	由于评价的对象是动态的过程，评价有时缺乏准确性	很重要、要更加重视的、比较主要的评价方式	每时每刻
2	教师对学习结果的评价	评价的主体是最有经验的教师，而评价的对象又是最反映教学效果的结果，因此评价的准确度很高	评价缺乏即时性，也会因此缺乏生动，发现的问题已无法纠正	依然重要、依然要重视的主要评价方式	每学段、学年、学期、单元
3	教师之间的相互评价	评价的主体和客体都是有经验的教师，因而评价具有学术性和高质量。这种评价对教学经验的总结和教学的改善很有作用	这种评价不可能成为日常的评价，也不能成为对每个学生的即时的评价	要重视的、辅助性的评价方式	每学期 12 次

续表

	评价方式	优点	缺点	当前重要性	使用频率
4	学生的自我评价	评价来自于学生对学习的“自省”，对于激发学生学习动机和培养学生的学习能力具有重要的作用	评价会因学生的自我保护意识和优点夸大意识而产生偏差	很重要、要更加重视的、比较主要的评价方式	每时每刻
5	学生之间的相互评价	评价来自于处于同样学习目标和学习阶段的“同行者”，有很强的针对性和生动性，也有很强的刺激性	评价会因学生的经验不足、缺乏专业知识和对同学缺乏负责精神等而产生偏差	很重要、要更加重视的、比较主要的评价方式	教师组织时间为主

三、体育教学评价的特点与作用

（一）体育教学评价的特点

1. 体育教学评价的动态性

体育教学评价不仅是结果的评价，同时也是对教学过程的评价，因此，其具有动态性特征。体育教学评价的最终目的是服务于体育教学的目标，因此，体育教学评价是结果评价和过程评价的统一。体育教学过程中，需要对各项教学工作进行反馈，以更好地促进教学工作的开展，这是体育教学评价动态进行的重要原因。

2. 体育教学评价目标的发展性

体育教学评价的目标并不是一成不变的，它随着体育教学目标的发展而发展，集中体现了体育教学主体的价值观念。在传统的体育教学过程中，注重学生运动技能和身体各方面素质的发展，并将其作为体育教学活动的出发点。这种传统的观念导致体育教学评价只注重学生的技能的掌握和身体素质的发展，体育教学的其他方面不被重视。现代体育教学注重健康理念，主张学生的全面发展。在这一理念的影响下，体育教学评价开始注重学生的健康和未来发展，并将其作为教学评价的主要目的。

3. 体育教学评价方法的过程性

体育教学评价的重心应放在学生体育学习的过程上，教师对学生的学习过程进行分析和指导，使得学生在学习过程中不断获得自我的发展。教师应关注学生日常学习的发展，并对其表现出的发展状况给予及时的评价，使得学生能够明确自身的不足，获得相应的成长和进步。学生通过对教师的教学过程进行评价，能够促进教师教学工作的不断改进，促进体育教师不断完善其教学工作。通过“以评促学，以评促教”，使得体育教学工作得到健康发展。

4. 体育教学评价方法的多样性

各种体育教学方法都有其一定的适用范围，针对不同的评价对象，应采用与之相适应的评价方法。每一种评价方法都受到相应的因素的制约，从而表现出一定的局限性。因此，在进行体育教学评价过程中，应根据实际工作需要，合理组合使用多种评价方法，使得评价公正、客观。通过优化组合使用多种评价方法，能够在一定程度上发挥各种评价方法的优势，弥补其缺点。

5. 体育教学评价主体的多元性

随着体育教学改革的深入，体育教学评价的主体逐渐由消极、被动的参与状态变为积极主动的参与状态，教师与学生之间的理解和支持逐渐增多。如今，体育教学评价的主体并不仅仅限

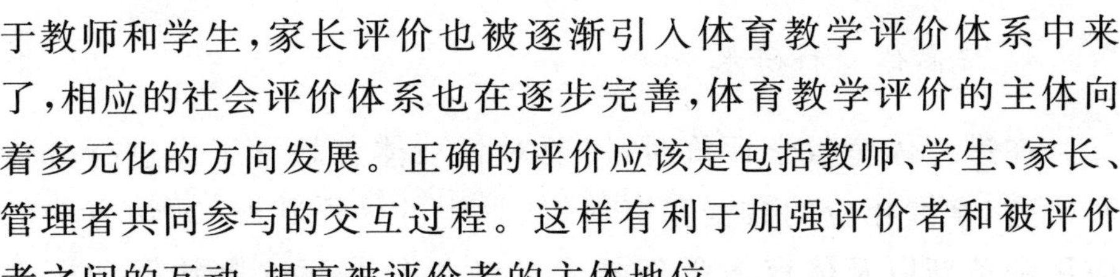

于教师和学生，家长评价也被逐渐引入体育教学评价体系中来了，相应的社会评价体系也在逐步完善，体育教学评价的主体向着多元化的方向发展。正确的评价应该是包括教师、学生、家长、管理者共同参与的交互过程。这样有利于加强评价者和被评价者之间的互动，提高被评价者的主体地位。

（二）体育教学评价的作用

体育教学评价的作用体现在其为体育教学活动的改革和发展提供必要的反馈信息，促进了体育教学质量的提高，能够更好地促进学生的全面发展。具体而言，其作用主要体现在以下几个方面。

1. 提高体育教学水平

通过体育教学评价，能够提高教师的教学水平，使得教师对教学过程的设计、教学方法的运用等方面不断完善，促进体育教学不足方面的改进以及优势方面的发展。

2. 增加学生体育学习的兴趣

体育教学评价使得学生对自身的学习状况有了合理的评价，激起其学习的兴趣和积极性，能够使得学生对自身的学习方法进行反思，进而做出更好的调整。另外，通过学生对教师的教学进行评价，能够促使教师对体育教学的各方面做出调整，从而能够更好地满足学生的需求，促进学生学习积极性的提高。

3. 完善体育管理

体育教学的过程涉及多方面的管理，如教学资源管理、教师管理、学生管理等诸多方面。通过对体育教学的各方面进行评价，能够更好地完善体育教学的管理体系，促进体育教学管理的优化发展。

4. 提高体育科研水平

在进行体育教学评价时，需要对各项体育教学工作进行分析和研究，掌握相应的数据和资料，如学生的体质状况、教学方法的应用和革新以及体育教学新技术的效果等。而这些数据和资料为进行相应的体育科研提供了必要的支持，能够在一定程度上促进体育科研事业的发展。

四、体育教学评价原则与评价类型

(一)体育教学的评价原则

1. 全面性原则

在进行体育教学评价过程中，应坚持全面性原则，对教学工作的各方面进行全方位、多角度的评价，应避免以偏概全。这是由体育教学工作的复杂性所决定的。另外，在体育教学评价过程中，应注重分清主次，重点评价关乎教学质量的中心环节。

2. 科学性原则

体育教学评价一定要坚持科学性原则，不管是评价的方法还是评价的标准，都应做到符合客观实际。在进行体育教学评价时，切忌过于依靠经验和直觉，各项评价工作应有一定的科学根据。科学性原则要求在进行评价时，不仅要做到评价目标、标准和方法的科学，还要做到评价程序的科学。

3. 客观性原则

体育教学评价的方法有很多种，学校在进行相应的体育教学评价时，应坚持从实际出发，选择相应的评价方法和评价标准。

如果违背了客观性原则，则可能造成体育教学决策的错误。坚持客观性原则不仅要做到方法的客观和标准的客观，最为重要的是要做到态度的客观。

4. 指导性原则

在进行体育教学评价过程中，应使得被评价者了解自身的优缺点，并为其进行改进提供相应的指导。在进行评价过程中，应从不同的方面分析问题产生的原因，使得被评价者明确今后的努力方向。

（二）体育教学评价的类型

除了过程评价和结果评价之外，按照不同的分类标准，可将体育教学评价分为多种类型。

1. 按评价功能的不同划分

（1）诊断性评价

为了解学生学习的基础以及查明制约学生学习进步的原因而进行的检测与评判就是诊断性评价。它包括验明问题和缺陷，确定学生在学习中是否存在困难，造成困难的原因有哪些，同时还包括对各种优点与禀赋、特殊才能等方面的识别。

（2）形成性评价

为使体育教学效果更好而对学生学习的过程与阶段性结果所实施的检查和评判就是形成性评价。它在一个新的体育教学方法实施后、一个新的体育教学内容初步完成后或一些新的身体锻炼手段使用后都可进行。

（3）总结性评价

总结性评价是在一学期或是教学阶段结束后对学生学习结果的检查和评判。目的是检查学生的体育知识、身体活动能力以及技术技能取得了哪些进展。总结性评价注重的是教与学的结果。

2. 按评价分析方法的不同划分

(1)定性评价

定性评价侧重于对“质”的分析，是对优劣程度的评判，一般用评语或是符号表达。

(2)定量评价

定量评价即为从“量”的角度进行的分析。通过采用多种方法获得相应的资料和数据，然后做出客观、精确的评判。

第二节　体育教师教学的综合评价

体育教师是体育教学活动的直接参与者和实施者，决定着体育教学活动的质量。对体育教师的教学效果进行评价是提高教学质量以及教师的专业素质的重要手段。因此，本节对体育教师教学评价的相关内容进行分析。

一、对体育教师专业素质的评价

体育教师是体育课程的主导者，他们直接参与体育课程的教学。因此，体育教师素质的高低将直接影响教学的质量以及学生的发展。一般可将教师的专业素养分为思想政治素质、知识结构素质、能力结构素质和教师自身发展的素质等几个方面。

(一)思想政治素质

思想政治素质是体育教师必须具备的基本素质，对其政治素质进行评价是对教师素质进行评价的重要环节。体育教师思想政治素质包括：政策的贯彻和执行、工作态度、道德修养、行为习惯等方面。教师的职业道德是思想素质的重要方面，它要求教师对工作积极负责，并且尊重学生，对学生一视同仁。对教师的思

想政治素质进行评价时，可采用学生评价和教师自我评价等方式。

（二）能力结构素质

能力结构素质即为教师完成相应的体育教学工作的能力，如教学的设计、组织以及教学内容的讲解等方面。体育教师的体育教学设计与组织较强，则其不仅能够科学、合理地安排相应的教学内容，还能够激发学生学习的积极性，促进体育教学活动更好地开展。教师的表达能力较强，则教师能够以形象、生动的语言叙述相应的知识和技能，从而使得学生能够更好地学习。教师的组织和管理能力较强，则能够协调师生之间的关系，并且能够更好地运用各种体育教学资源，促进体育教学活动更好地开展。

体育教师的能力结构素质还包括教师的身心素质。体育教师具有良好的身体素质是保证各项体育教学工作正常有序开展的基本条件。教师的心理素质则主要是指教师思维的敏捷程度、逻辑思维能力以及其洞察力等方面。

（三）知识结构素质

体育教师的知识结构素质即为教师对知识掌握的广度和深度，教师不仅要掌握基本技能和运动基础知识，还要具有高度的体育专业理论知识，并能够了解体育教学的基本规律和学生身心发展的基本规律。

（四）教师自身发展的素质

教师自身发展素质即为教师接受和学习新知识、新技术、新思想的能力。体育教师只有不断提高自身的知识储备，不断学习和进步，才能够适应体育教学发展的要求，才能够推陈出新，不断深化教学研究和教学改革。教师的自我学习能力是其所应具备的基本能力，只有这样才能够不断满足学生的各项体育需求，才能促进体育教学向着更好的方向开展。

二、对体育教师课堂教学的评价

对教师在体育课堂中的表现进行评价,是对教师评价的重要方面。在教师的课堂教学评价中,既要注重对教学过程的评价,又要注重对其教学活动的有效性进行评价。具体而言,可从以下几方面进行评价。

(一)教育教学思想的评价

思想决定行为,体育教师应具备正确的教学思想,这样才能保证教学活动的科学性。我国现代体育教学思想包括"健康第一""终身体育"等指导思想。体育教师应将这些思想作为体育教学活动的指导思想,促进学生的全面发展。另外,教师还必须具有创新精神,推动体育教学改革的深化开展。

(二)贯彻课程标准的评价

贯彻课程标准的评价,主要包括课堂教学是否紧紧围绕学习目标进行,教学是否符合课程标准的要求,教学是否完成了课程标准所规定的教学任务与教学内容等。具体而言,其包括教学定位是否准确,教学是否符合学生的身心发展特征,是否符合学生的实际情况等。

(三)教学内容的评价

体育教学的内容即为教师在体育课堂上讲授的内容。教学内容既要做到丰富全面,又要做到突出重点。在体育教学实践过程中,应注重体育教学内容安排与教学目标相适应,并且教学内容还要能够促进学生素质的全面提高,使得学生的体能、技能、心理素质、社会适应能力、意志品质等方面得到全面的提高。另外,在体育教学过程中还应注重合理安排负荷量。总之,教学内容应

做到科学性与思想性的统一。

（四）教学技能的评价

作为体育教师，体育教学技能是其所应具备的最为重要的能力素质。在教学过程中，体育教师首先应能够科学设立教学目标，使教学目标与体育教学目标、学生实际情况相适应，同时，教学目标还应具有可操作性；体育教师应该充分整合利用多种教学资源，创设良好的教学环境，吸引学生积极参与其中；在教学过程中，体育教师还应该与学生形成良好的互动，并能够用规范、形象的语言进行讲解，示范动作也应做到规范、优美；对于教学过程中的突发事件，教师也应冷静、沉着应对，保证课堂教学的正常进行。

（五）教学方法和手段的评价

体育教学的手段和方法的评价即为对教师的教法的评价。整体而言，体育教学的手段和方法应符合体育教学原则，教法要具有新意。具体来说，在体育教学过程中，教师应因材施教，选择适合学生身心发展特点的体育教学方法，激发学生的学习兴趣；所采用的体育教学方法还应该注重发展学生分析问题和解决问题的能力，培养学生创新思维。另外，教师所采用的教学方法还应能够更好地促进教师和学生之间的沟通和互动。

（六）教学效果的评价

对于教师的教学评价最为重要的是对其教学效果的评价。教学效果的评价包括教学目标的达成程度、学生的情感体验等方面。具体而言，包括是否能够促进学生知识和技能的掌握，是否能够培养学生的体育锻炼兴趣和习惯，以及学生心理素质和意志品质等方面是否能够得到相应的提升等。

关于体育教师课堂教学的评价内容和评价标准，参考表6-2。

表 6-2　体育课堂教学评价(自评、教师互评)

学校________　班级________　课题________

执教人________　时间____年____月____日

____午　第____课　地点________

评价指标		二级指标及权重	评价等级								得分
名称	要素		A级		B级		C级		D级		
1. 教学目标内容(20)	目的性	1. 教学目标明确规范,师生共识(5) 2. 作业要求具体可行,有创造余地(5)	10	9	8	7	6	5	4	3	
	科学性	3. 符合大纲要求,内容正确,密度恰当,速度适宜(5) 4. 条理清楚,突出重点、突破难点(5)	10	9	8	7	6	5	4	3	
2. 教学过程方法(26)	主体性	5. 学生主体,注重学法指导,学会学习(4) 6. 策略新颖,激发动机兴趣,学生积极参与(4)	8	7	6	6	5	5	4	3	
	最优化	7. 精讲善练,联系实际,方法步骤清晰(5) 8. 教具、媒体使用熟练、恰当,效率高(5) 9. 时间分配合理,节奏紧凑,不拖堂(4) 10. 组织形式生动合理,面向全体,气氛活跃(4)	18	17	16	15	14	12	11	10	
3. 教学素养(18)	教学能力	11. 衣着大方,教态亲切自然,具有无声魅力(6) 12. 说普通话,语言清晰、准确、流畅、生动(6) 13. 专业技巧熟练规范,器材、场地布置合理(6)	18	17	16	15	14	12	11	10	

续表

<table>
<tr><th colspan="2">评价指标</th><th rowspan="2">二级指标及权重</th><th colspan="8">评价等级</th><th rowspan="2">得分</th></tr>
<tr><th>名称</th><th>要素</th><th colspan="2">A 级</th><th colspan="2">B 级</th><th colspan="2">C 级</th><th colspan="2">D 级</th></tr>
<tr><td rowspan="2">4. 教学效果(26)</td><td>知识技能</td><td>14. 掌握基本知识、技能，学生练习情况良好(6)
15. 联系实际活用知识，学生每人各有所获(6)</td><td>12</td><td>11</td><td>10</td><td>9</td><td>8</td><td>7</td><td>6</td><td>5</td><td></td></tr>
<tr><td>创造情感</td><td>16. 创设情境，激发兴趣，鼓励探索和创新 (5)
17. 师生互动，学生互助合作，课堂气氛融洽 (5)
18. 发挥德育、体育功能，教书育人(4)</td><td>14</td><td>13</td><td>12</td><td>11</td><td>10</td><td>9</td><td>8</td><td>7</td><td></td></tr>
<tr><td>5. 教学特色(10)</td><td>创新性</td><td>19. 在教学内容(2)、教学策略(2)、教学模式(2)、教学媒体(2)、教学方法(2)等方面进行有效的开发、改革和创新</td><td>10</td><td>9</td><td>8</td><td>7</td><td>6</td><td>5</td><td>4</td><td>3</td><td></td></tr>
<tr><td rowspan="2">定性描述</td><td colspan="7" rowspan="2"></td><td rowspan="2">定量评价结果</td><td colspan="2">总分</td><td></td></tr>
<tr><td colspan="2">等第</td><td></td></tr>
<tr><td colspan="2">评价者单位</td><td colspan="6"></td><td colspan="2">评价者</td><td colspan="2"></td></tr>
</table>

第三节　学生体育学习的评价

对学生的学习质量进行评价是体育教学评价的重要方面，通过对学生的学习进行评价，能够使得教师对教学任务的完成情况进行更好地判定，不仅能够为教学活动提供必要的反馈信息，还能够对学生起到一定的激励作用。

一、知识技能的评价

通过体育教学活动，学生需要掌握相应的知识和技能，这是体育教学的重要目标。学生的学习能力、既有知识和经验等方面具有一定的差异性。因此，在进行相应的知识和技能的评定时，也应具有一定的差异性。在对学生的理论知识进行评价时，应注重学生对相应的知识的理解和综合，注重其对知识的运用能力的考核。在进行技能考核时，一般根据相应的量化指标或是体育竞赛的形式进行考核，如对学生的篮球技能进行考核时，可借助规定次数的投篮进行考核；而对于其综合技战术能力，则可通过相应的体育竞赛进行考核。

二、体质健康的评价

发展学生的健康体质，增强学生的体能是体育教学的重要目标之一。在对其进行考核时，可参考相应的《国家学生体质健康标准》中的各项考核指标，针对不同的年级采取不同的考核标准。在进行体能考核时，应严格按照各项考核指标进行考核。具体考核内容见表 6-3。

表 6-3 初中、高中、大学各年级体质健康测量指标与权重
摘自《国家学生体质健康标准(2014 年修定)》

单项指标	权重(%)
体重指数(BMI)	15
肺活量	15
50 米跑	20
坐位体前屈	10
立定跳远	10
引体向上(男)/1 分钟仰卧起坐(女)	10
1000 米跑(男)/800 米跑(女)	20

注：体重指数(BMI)＝体重(千克)/身高^2(米^2)。

三、学习态度的评价

学生的学习态度在一定程度上决定了体育教学的效果，因此，应注重对学生学习态度的考核。通过对其态度进行考核，使学生形成积极向上的学习态度，促进教学活动更好地开展。一般对学生的学习态度进行考核时，可参考以下几方面的考核指标。

(1)能否主动、自觉地参与体育活动。表现为学生的出勤数。

(2)能否积极主动地思考，为达到目标而反复练习。

(3)在体育活动过程中能否全身心地投入。

(4)能否认真接受教师的指导。

为了科学地测量学生的体育学习态度，可通过亚当斯的体育态度量表。学生通过对相应的题目表达“同意”或“不同意”，每条题目确定了相应的加权数，将学生选择“同意”的题目相加，并除以其表示“同意”的题目数，最终确定学生的态度。

四、学生心理和社会适应能力的评价

体育教学的重要目标之一是增强学生的心理健康，促进学生社会适应能力的提高。学生的心理健康状况良好，则主要表现为积极、乐观、自信，能够很好地进行自我的调节和控制。学生良好的社会适应能力则表现为尊重他人、良好的人际交往能力、团队合作能力等。在评价和测量其心理和社会适应能力时，可参考相应的心理学量表进行测量，如症状自评量表(SCL-90)、大学生人格健康调查量表(UPI)等。

第四节　体育教学评价的相关案例

有关体育教学评价的案例种类有很多，主要有学生学习的评价、教师教学的评价等。本节主要就对学生学习评价和教师教学

评价的相关案例进行阐述。

一、对学生学习的教学评价案例

以学生学习成绩评价为例,具体见表6-4、表6-5成长记录袋中学生学习成绩的评价案例。

表6-4 学生体育与健康成绩评价表

<table>
<tr><th rowspan="2">评价时间</th><th rowspan="2">评价内容</th><th rowspan="2">权重</th><th colspan="3">评价形式</th><th rowspan="2">综合评定</th><th rowspan="2">学期短评</th></tr>
<tr><th>自评</th><th>小组评</th><th>教师评</th></tr>
<tr><td rowspan="5">第一学期</td><td>知识与技能</td><td>20%</td><td></td><td></td><td></td><td rowspan="5"></td><td rowspan="5"></td></tr>
<tr><td>学习态度</td><td>20%</td><td></td><td></td><td></td></tr>
<tr><td>情意表现与合作精神</td><td>20%</td><td></td><td></td><td></td></tr>
<tr><td>体能</td><td>30%</td><td></td><td></td><td></td></tr>
<tr><td>健康行为</td><td>10%</td><td></td><td></td><td></td></tr>
<tr><td rowspan="5">第二学期</td><td>知识与技能</td><td>30%</td><td></td><td></td><td></td><td rowspan="5"></td><td rowspan="5"></td></tr>
<tr><td>学习态度</td><td>20%</td><td></td><td></td><td></td></tr>
<tr><td>情意表现与合作精神</td><td>20%</td><td></td><td></td><td></td></tr>
<tr><td>体能</td><td>30%</td><td></td><td></td><td></td></tr>
<tr><td>健康行为</td><td>10%</td><td></td><td></td><td></td></tr>
<tr><td rowspan="5">第三学期</td><td>知识与技能</td><td>30%</td><td></td><td></td><td></td><td rowspan="5"></td><td rowspan="5"></td></tr>
<tr><td>学习态度</td><td>20%</td><td></td><td></td><td></td></tr>
<tr><td>情意表现与合作精神</td><td>20%</td><td></td><td></td><td></td></tr>
<tr><td>体能</td><td>30%</td><td></td><td></td><td></td></tr>
<tr><td>健康行为</td><td>10%</td><td></td><td></td><td></td></tr>
<tr><td rowspan="5">第四学期</td><td>知识与技能</td><td>30%</td><td></td><td></td><td></td><td rowspan="5"></td><td rowspan="5"></td></tr>
<tr><td>学习态度</td><td>20%</td><td></td><td></td><td></td></tr>
<tr><td>情意表现与合作精神</td><td>20%</td><td></td><td></td><td></td></tr>
<tr><td>体能</td><td>30%</td><td></td><td></td><td></td></tr>
<tr><td>健康行为</td><td>10%</td><td></td><td></td><td></td></tr>
</table>

续表

评价时间	评价内容	权重	评价形式			综合评定	学期短评
			自评	小组评	教师评		
第五学期	知识与技能	30%					
	学习态度	20%					
	情意表现与合作精神	20%					
	体能	30%					
	健康行为	10%					
第六学期	知识与技能	30%					
	学习态度	20%					
	情意表现与合作精神	20%					
	体能	30%					

表 6-5　学生体育与健康成绩评价标准

等级＼项目	知识与技能	学习态度	情意表现与合作精神	体能	健康行为
优秀	了解体育与健康的知识，以及体育与健康知识、技能和方法的掌握与运用情况	在体育与健康课上的出勤与学习表现非常好、课外能运用所学知识和技能参与体育与健康活动	(1)乐于参加各种体育活动 (2)能够公正准确地评价他人 (3)与同伴相互信赖，共同学习，取得成功	参照《国家学生体质健康标准》评分表 90 分以上	有良好的生活习惯(如饮食习惯等)、严格遵守作息制度、能积极维护个人卫生和公共卫生
良好	比较了解体育与健康的知识，以及体育与健康知识、技能和方法的掌握与运用情况	在体育与健康课上的出勤与学习表现良好、课外能基本运用所学知识和技能参与体育与健康活动	(1)乐于参加各种体育活动 (2)能够比较公正准确地评价他人 (3)与同伴相互信赖，共同学习，偶有成功体验	参照《国家学生体质健康标准》评分表 75～89 分	有良好的生活习惯(如饮食习惯等)、基本遵守作息制度、基本上能维护个人卫生和公共卫生

续表

等级＼项目	知识与技能	学习态度	情意表现与合作精神	体能	健康行为
及格	了解一些体育与健康的知识，以及体育与健康知识、技能和方法的掌握与运用情况	在体育与健康课上的出勤与学习表现一般、基本掌握一些所学知识和技能以在课外参与体育与健康活动	(1)能够对他人进行评价 (2)在必要时，能与同伴合作，接受同伴的请求而参加活动	参照《国家学生体质健康标准》评分表60～74分	生活习惯(如饮食习惯等)较差、基本遵守作息制度、维护个人卫生和公共卫生的行为有所欠缺
不及格	不太了解体育与健康的知识，以及体育与健康知识、技能和方法的掌握与运用情况	在体育与健康课上的出勤与学习表现差、经常受到教师批评，不能够在课外运用所学知识和技能参与体育与健康活动	(1)不爱参加各种体育活动 (2)不能够对他人的活动做出评价 (3)不愿与同伴合作学习，没有成功体验	参照《国家学生体质健康标准》评分表59分以下	生活习惯(如饮食习惯等)杂乱无章、作息制度不合理、不讲究个人卫生和公共卫生

资料来源:http://www.365kj.com

【案例分析】

以上案例采用了成长记录袋的形式，把学生初中三年的成绩作了一个完整的记录，在该记录中可以看出学生的进步幅度。学生体育成绩评价模式构建了一个循序渐进的过程，并有相应的目标体系，使整个过程具有目的性、有序性、连续性、激励性等。学生成长记录袋既有助于促进学生的自主学习，也有利于教师、家长更好地了解和指导学生的学习。

该方式突破了现行传统的学生学习成绩评估表(报告表)中往往一个学科只用一个“优”或“差”等字样表示。传统的评估表未免太笼统了，因为学生根本不知自己“优在何处”“差在何方”，也不知道自己“优中何差”或“差中何优”，不利于学生今后的发展，难以使学生明确各自努力的方向，不能很好地起到促进学生发展的作用。而表 6-5 中的标准能够给学生一个明确的努力方向。

但是上述案例也存在一些不足之处，在评价成绩时，老师的工作量比较大，同时主观评价的比重较大，应重视评价方法的简便、实用及可操作性。

二、对教师教学的评价

以体育教师的认知发展性评价为例，参考表 6-6。

【案例陈述】

表 6-6　体育教师认知发展性评价表

教师姓名：　　　　评价者：　　　　日　期：

学　　校：　　　　年　级：

认知属性一、规划(前活动阶段)可观察的指标	经常	有时	从未
1. 课程与长期目标关系的表述			
2. 对由教学引起的学生体育学习的预测			
3. 对教学策略预设、描述与安排(内心预测)，它包括： ——内容 ——时间顺序 ——分组/结构化 ——学习活动顺序 ——教师行为的组成 ——教材 ——其他			
4. 对有关学生入学水平/前期学习/能力资料的鉴别			
5. 对教学内容理性把握程度的展示			
6. 对教学结果评定方法的期望			

续表

认知属性二、教学(活动中阶段)可观察的指标	经常	有时	从未
7. 对同时出现的多种活动、方式、目标、结果的处理			
8. 清晰且准确地进行语言规范示范			
9. 在压力下对冲动的克制			
10. 根据教学策略对进度的控制			
11. 对学生体育行为苗头的意识			
12. 根据学生体育行为苗头对教学策略的改变			
13. 课堂管理任务的程序化			
14. 情绪的体验与参与			
认知属性三、分析与评价(反映阶段)可观察的指标	经常	有时	从未
15. 对课堂内学生的回忆			
16. 对课堂内教学行为的回忆			
17. 对预期的与实际的结果的比较			
18. 对预期的与实际的教学行为的比较			
19. 对教学目标已达到或未达到因果关系的分析			
20. 内部控制点的展示			
21. 对自己行动、规划、课堂教学目标的实现、教学策略、特殊行为的自评			
认知属性四、应用(推广阶段)可观察的指标	经常	有时	从未
22. 对采用其他教学策略可能产生的学习结果差异的预测与假设			
23. 基于从本课程分析中抽取出来的原理对未来课程的安排			
24. 对改变与实施新的行为和策略的信心			
25. 对未来的成功所需资源的鉴别			
26. 在学习与获得反馈方面对取得进一步的帮助的追求			

续表

认知属性五、校内同事之间的关系可观察的指标	经常	有时	从未
27. 教学讨论活动的参与			
28. 对体育科组或学区体育学科各种活动的参与，这些活动是为设计、实施和支持下列活动而进行的： ——专题讨论 ——观摩教学的追踪 ——问题解决 ——课程编制 ——行为研究 ——其他			
29. 同行之间相互支持活动的参与 ——教学、合作教学和小组教学的演示 ——同事间的合作活动 ——监督 ——同行评论 ——对困难中同事的大力支持 ——其他			
认知属性六、对专业的贡献可观察的指标	经常	有时	从未
30. 领导活动的参与			
31. 对由教学引起的学生体育学习的预测			
32. 对教学策略预设、描述与安排(内心预测)，它包括： ——内容 ——时间顺序 ——分组/结构化 ——学习活动顺序 ——教师行为的组成 ——教材 ——其他			
33. 对有关学生入学水平/前期学习/能力资料的鉴别			
34. 对教学内容理性把握程度的展示			
35. 对教学结果评定方法的期望			

资料来源：李建军．新课程的学校体育评价[M]．广州：广东高等教育出版社，2003.

【案例分析】

这是一种体育教师自我修正能量的诊断和评价，是指体育教师意识到、参与、投入到自己的教学认知过程并不断改进它的功能。这一认知过程发生在体育教学活动之前、之中与之后，以及发生在社团和专业的背景之下。体育教师认知发展性评价提供了一种新的思路，这些有利于以学生为中心开展课堂教学，即应从体育教师的“教”转移到学生的“学”，应从促进体育教师发展的目的出发，让体育教师了解学校对他们的期望，以此激发体育教师的主人翁精神；有利于全体体育教师参与制度评价和被评价者双方认可的评价计划，并由双方共同承担实现发展目标的职责；有利于评价中注重体育教师的个人价值、理论价值和专业价值，同时注重体育教师的未来发展。

第五节　开展体育教学评价活动的注意事项

一、明确体育教学评价的目的

体育教学评价主要有以下几个目的。

(一)选拔目的

选拔目的就是通过对学生的体育学习潜力做出正确判断，来对学生进行选拔。这是根据选拔的要求和标准，为选拔进行的体育评价，如选择好的学生参加体育竞赛、评选体育优秀学生等。在这种评价目的下，评价是选优性的，评价的目的并不面对全体学生，评价的目的有时也不是指向教学目标，因此，这种目的的体育教学评价不是主要的评价。

(二)甄别目的

所谓甄别目的就是通过对学生的体育学习状况进行判断，以

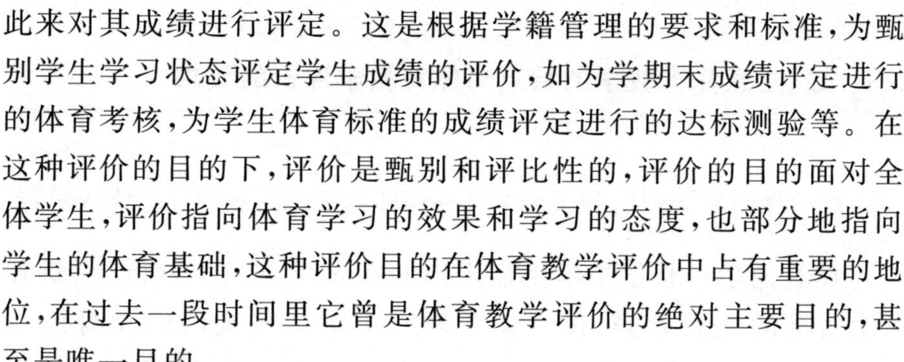

此来对其成绩进行评定。这是根据学籍管理的要求和标准，为甄别学生学习状态评定学生成绩的评价，如为学期末成绩评定进行的体育考核，为学生体育标准的成绩评定进行的达标测验等。在这种评价的目的下，评价是甄别和评比性的，评价的目的面对全体学生，评价指向体育学习的效果和学习的态度，也部分地指向学生的体育基础，这种评价目的在体育教学评价中占有重要的地位，在过去一段时间里它曾是体育教学评价的绝对主要目的，甚至是唯一目的。

（三）发现目的

发现目的就是找出体育学习中学生存在的问题，以帮助学生进行纠正，使其进步。这是根据教学的要求和需要，为发现和反馈学习中的问题进行的评价，它是为使学生认清其运动技能进步的困难和症结，为帮助学生取得进一步的学习效果进行的探究式评价和解惑式评价等。这种评价目的是教学性的，评价的目的面对全体学生的学习与发展，评价指向学生的学习困难和前进方向，这种评价目的在体育教学评价中占有重要的地位，在过去一段时间里它并没有得到充分的重视，是今后体育教学评价应该特别注意研究和加强的目的。

（四）激励目的

激励目的就是反馈学生的体育学习进步情况，以此来激励学生继续努力，这也是根据教学的要求和需要，为使学生发现自己的进步和进一步发展的潜力而进行的评价，是为帮助学生获得学习的成就感和自信。这种评价的目的是面对全体学生的积极性与自信心的，评价指向学生的学习进步和努力方向，这种评价在体育教学评价中占有非常重要的地位，但在过去一段时间它也没有得到充分的重视，因此它也是今后体育教学评价应该特别注意研究和加强的目的。

二、注意体育教学的特点对体育教学评价的要求

（一）体育教学评价要重视学生在身体与技能方面存在的先天差异

在其他学科教学中学生显现出的在思维、注意、分析、判断等智力方面的先天差异，没有体育教学中学生显现出的在身体条件、运动能力、兴趣爱好等运动素质方面的先天差异明显。例如，做同一张试卷学生的成绩反映学生之间先天的智力差别就没有学生在学习同一个运动技术上所表现出的身体形态、基本活动能力和运动素质的差别明显。在体育教学中经常出现有的学生无论怎么努力，运动成绩也只是“达标”或不及格，而有的学生即使不用练，也可以达到较好的成绩的奇怪现象。这对体育教师组织体育教学和进行体育评价提出了更高的要求。因此，进行体育评价就必须激发与调动每一位学生的体育学习积极性，挖掘每一位学生的学习潜力，实现全体学生的进步和发展。

（二）注重体育教学的“即时评价”特点

在体育教学中，学生的学习行为实际上也是被正式或非正式地评价着，如一个学生的动作做得好与不好，同学们都是看在眼中，挂在嘴上，具有很强的外显性和即时性，这与其他学科的特点很不相同，因为其他学科的教学成果主要是头脑中的认知和理解，不具有很强的外显性和即时性。因此这个特点容易使那些技能很差的学生在体育教学中经常会感到难堪，这也是一部分学生视体育课如“畏途”的原因之一。因此要正确认识体育教学的这个评价的特点，恰当地运用和调整对学生学习表现的即时评价，扬长避短，使体育教学评价发挥激励和促进发展的作用。

（三）体育教学评价要与学生的身体自尊密切联系

身体自尊是学生自尊的重要部分，也是很敏感的组成部分，

而对运动技能学习和身体素质的评价与学生的身体自尊密切关联，如对学生的身高、体形、灵敏性、动作的美感等进行评价，运用不恰当的语言形容就会严重地伤害学生的身体自尊心（如：矮子、胖子、笨蛋、蠢猪等说法）。如果在体育教学中由于不恰当的评价伤害了学生的身体自尊，那么，这个学生是很难对体育学习有积极性的，也很难对体育教学有好感。因此，要尊重学生，要重视学生对自尊的自我保护心理，对处于被评价地位、有可能在评价中被伤害的学生，要特别注意体育教学评价的负面影响，采取人性化的评价方法，充分地激励学生的学习与进步。

第七章 体育教学资源的科学管理

体育教学资源对于体育教学的顺利开展是一种重要的资源支持。体育教学资源主要包括物力资源、财力资源与人力资源。本章主要就体育教学资源的科学管理进行系统研究，旨在为体育教学过程的顺利进行、体育教学目标的顺利实现以及良好体育效果的获得奠定良好的资源保障基础。

第一节　体育教学中物力资源的管理

一、物力资源与体育教学物力资源

(一)物力资源

物力资源(Material resource)一词首先是在对经济资源概念的论述中提出来的，因此要对物力资源进行了解，首先要先认识经济资源。“所谓的经济资源是指一国或一定地区内拥有的各种物质要素(包括物力、财力、人力等)的总称。[①] 通常情况下，可以将经济资源大致分为两大类，一类是包括水、空气、阳光、动物、森林、土地、草原、矿藏等在内的物力资源，一类是包含信息资源、人

① 肖林鹏．体育管理学[M]．北京：北京师范大学出版社，2011.

力资源以及经过劳动创造的各种物质财富的社会资源。”

简单来说，物力资源是人类社会经济活动所依托的所有客观存在物的总和。一切有关物力资源的研究都要立足于最初由自然界所提供的物力资源。物力资源是人类社会生存和发展的基础，其任何形态、来源、特征、用途等都不可能改变这一根本属性。

（二）体育教学物力资源

结合物力资源的概念，可以认为，体育物力资源是用于体育活动及其相关方面的客观存在的各种资源。

在体育教学中，体育教学物力资源是用于学校体育教学活动及其相关方面的客观存在的各种资源。在学校体育教学中，管理者通过一定的方式来将学校体育教学物力资源进行整合，从而实现学校体育教学目标。

因此，作为一种管理行为，学校体育教学物力资源管理就是在开展学校体育教学活动过程中，管理者对所用到的物质资料（场地、器材、设备、场馆等）进行协调，从而达到顺利开展学校体育教学活动目标的活动过程。

二、体育教学物力资源管理的内容

（一）体育场馆管理

体育场馆是体育教学物力资源的重要构成部分，是学校进行体育教学、活动以及训练的专用场所，为了能够充分利用体育场馆来为学生服务，并使体育馆的安全、健康与高效使用得到保证，必须要重视对体育场馆的科学管理。

当前，对学校体育场馆的管理应明确以下两点。

1. 体育场馆的开放时间

（1）对在体育场馆内上课的时间做出规定时，要以学校的上

课制度为依据，通常是上午 8：00～12：00，下午 2：30～4：00。

（2）通常情况下，体育场馆课外活动时间为学校放学或者下课时间段，一般为下午 4：30～晚上 9：30。

2. 体育场馆的使用规定

为保证体育场馆的良好环境和体育课的顺利进行，任何人在使用体育场馆时都必须遵守以下规定。

（1）必须遵守体育馆开放时间的安排；上课时间，非上体育课的学生不得擅自进馆活动，闭馆时要自觉离开体育场馆。

（2）必须遵守体育场馆的开放时间。一般来说，在课外活动时间，体育场馆优先为校代表队提供训练比赛场所，其他场地可以对外开放。

（3）必须按规定着装进体育场馆，不按规定着装参与体育课或者体育训练者要给予一定的警告。

（4）未经允许，不得随意变更体育场馆中各个教室的工作用途。

（5）未经许可，不得随意拆卸和挪用体育场馆内的器材。

（6）未经许可，不得将体育场馆挪为他用。这是因为，体育场馆的首要任务是满足体育课的教学和课外体育活动的需要。

（7）校外单位使用学校体育运动场地，要事先向学校提出申请，经批准履行手续后才能使用，否则不允许进行体育场馆。

（8）严禁大声喧哗，以免对其他学生上课产生影响。随身携带的物品应放在适当的地方，不得悬挂在体育器械上，如衣物和饰品等。

（9）严禁用脚踢球，以避免对馆内人员和器械造成伤害。

（10）严禁随地吐痰、乱扔果皮纸屑，要养成随手带走垃圾，或者扔入垃圾桶的好习惯，以保持体育场馆内良好的卫生情况。

（11）贵重物品一般不建议带入馆内，要随身携带也要妥善保管，丢失概不负责。

（12）违反上述中的任一条例者，应给予相应处罚。

(二)体育场地管理

1. 田径场管理

田径场是进行各种体育教学活动和举行大型运动会、体育休闲的场所。针对田径场地的管理,具体如下。

(1)需要使用田径场、足球场时,应事先向学校提出申请,经批准并履行租用手续后,交纳场租费方可进入。

(2)上体育课时间,非上课人员不得入内。

(3)课外活动时间,未经许可,不是本校师生不得入内。

(4)严禁穿不适合田径场跑道和足球场草皮的鞋进场活动。

(5)田径场实行封闭式管理,进入田径场的人员,必须要服从场地管理人员的管理。

(6)严禁在田径场内吸烟、乱扔果皮纸屑,保证场内要有良好的环境卫生。

(7)严禁一切车辆进入田径场,不听劝告违反规定者,进行罚款处理。

(8)在封坪育草期间,除工作人员外,任何人不得进入场地。

2. 其他运动场地管理

除了田径场地,篮球场、足球场等体育运动场也是学校体育教学、活动、训练等需要用到的活动场所,需要悉心养护,做好管理工作。

具体来说,其他运动场地的科学管理应注意做好以下几个方面。

(1)体育运动场地的首要功能是满足体育课和课外体育活动的需求,因此,未经批准任何人不得将室外运动场地挪为他用。

(2)如有单位使用场地必须要事先向学校提出申请,经批准履行手续后才能使用,否则不允许进入。

(3)上体育课期间,非体育课参加人员不得占用体育场地,不许对体育课的正常教学秩序造成不良影响。

(4)体育运动场地不得用来晾晒衣、物、被、褥，避免对体育课的教学产生影响。

(5)在运动场活动的人员需保持体育运动场地的平整和整洁，保证器材的安全、可靠和完整，有情况必须立马解决，不得对上课产生影响。

(6)不得随意挪动和拆卸体育运动场地的体育器材。

(7)不得破坏体育运动场地和体育器材，损坏照价赔偿。

(8)违反以上任何一条者，应予以相应的处罚。

(三)体育教室管理

体育教室是从事专门性体育运动的室内场所，对体育教师的管理应保证体育教学活动的顺利开展，使用体育教室必须严格遵守体育教室的管理制度。这里对几种常见的体育教室管理制度具体阐述如下。

1. 乒乓球室管理制度

乒乓球室是从事乒乓球运动的专用场地。乒乓球室的管理制度具体包括以下几个方面的内容。

(1)遵守体育馆开放时间，在闭馆时间自觉离馆。

(2)进乒乓球室必须按规定着装，不许穿不适合进行乒乓球运动的衣服或鞋参加活动。

(3)乒乓球台和网架上不许堆放或悬挂衣物、帽子等物品。

(4)禁止用手和球拍敲打球台。

(5)禁止坐或站在球台上，或在室内任意攀爬、打闹。

(6)禁止利用乒乓球进行赌博等非法活动。

(7)禁止随地吐痰，乱扔果皮纸屑，保证室内清洁。

(8)违反以上有关条款者，应予以相应的处罚。

2. 武术教室管理制度

武术教室是从事武术运动的专用场所，武术教室的管理制度

具体包括以下几个方面的内容。

(1)严格遵守体育馆开放时间,到时自觉离馆。

(2)武术教室内的器材设备,未经许可不可擅自动用。

(3)进武术教室活动必须按规定穿鞋,不允许穿不适合武术运动的鞋进入馆内。

(4)随身携带物品,不允许挂在器械上。

(5)随身携带的贵重物品,本人要妥善保管好,丢失概不负责。

(6)禁止随地吐痰,不得乱扔果皮纸屑,保证室内清洁。

(7)未经许可,武术教室不得挪为他用。

(8)违反以上有关条款者,应予以相应的处罚。

3. 健身教室管理制度

健身教室是健身健美运动教学的场所,一般设备和器械都比较昂贵,器械繁多,也有一定的危险性。因此,这就需要制定相应的制度,来保护健身教室及其中的设备与器材。健身教室的管理制度具体包括以下几个方面的内容。

(1)自觉遵守体育馆开放时间,闭馆自觉离开。

(2)必须按要求正确使用健身器材,以使损坏器材、造成伤害事故的情况得到有效避免。

(3)随身携带物品请放在适当的地方,不许放在器械上。

(4)禁止在器械使用后乱放乱扔,要放回原处。

(5)禁止随地吐痰,不允许乱扔果皮纸屑,要保证室内清洁。

(6)随身携带的贵重物品自己妥善保管,丢失概不负责。

(7)不得擅自做主、盲目蛮干,必须服从体育教师的指导。

(8)违反以上有关条款者,应予以相应的处罚。

4. 健美操教室管理制度

健美操教室是进行健美操活动的专用场所,健美操教室的管理制度具体包括以下几个方面的内容。

(1)自觉遵守体育馆开放时间,到时自觉离馆。

(2)进健美操教室活动必须按规定穿鞋,穿不适合进行健美操活动的鞋不得进入。

(3)禁止随地吐痰,不许乱扔果皮纸屑。

(4)禁止破坏室内公共设施,损坏照价赔偿。

(5)随身携带的物品请放在适当的地方,不得挂在器械上。

(6)健美操教室内不得大声喧哗,以免对其他人的活动造成影响。

(7)未经允许,健美操教室不得挪为他用。

(8)违反以上有关条款者,应予以相应的处罚。

5. 多媒体教室使用制度

多媒体教室是从事体育理论和体育欣赏课的室内教学场所,多媒体教室的管理制度具体包括以下几个方面的内容。

(1)进入多媒体教室上课的人员,未经允许,不得随意动用电教设备。

(2)爱护多媒体教室内公共设施,损坏要照价赔偿。

(3)使用多媒体教室需事先申请,并将使用时间明确下来,经批准后才能使用相关器材。

(4)进入多媒体教室上课要保证室内清洁,环境卫生。不得随地吐痰,乱扔果皮纸屑。

(5)在多媒体教室上课不得大声喧哗,以免对他人产生影响。

(6)多媒体教室应有专人管理,不允许其他人员随意进入。

(7)违反以上有关条款者,应予以相应的处罚。

(四)体育器材管理

体育器材的管理是一项非常烦琐的工作。由于器材需要分门别类和经常性地进行保养和维护,因此,学校院校体育器材的管理工作必须实现程序化、制度化,具体来说,应该从以下几个方面入手。

1. 要分门别类放置体育器材

在放置体育器材时，要根据相应的标准进行分门别类，通常情况下，可以按照使用频率、材质、形状等分别放置，如服装、小件器材要入柜，篮球、排球、足球、标枪、横竿、铅球等要上架，羽毛球拍、网球拍等要悬挂整齐。

2. 保持体育器材存放的卫生

体育器材使用完后要及时归还、合理分类摆放，体育器材室内应该随时保持整洁。卫生工作的频率通常为每天一小扫，每周一中扫，每月一大扫。在进行卫生工作时，要求做到每个角落都要进行仔细清理。经常保持一个优美舒适的工作环境，通风条件要好，减少细菌的传播，以保证师生使用体育器材过程中的身体健康。

3. 按规定办理借用和归还手续

任何人借用和归还体育器材，都必须遵守管理规定，按规定办理手续。为了保证体育器材的完好和有序使用，体育器材管理人员应该做到以下几点。

(1)遵循教学规律，按时、按项目、按量把器材提供给任课教师，不可以随意外借器材。

(2)要求体育教师要根据教学的需要填写器材申请单，学生凭体育教师签名的申请单到器材室领取器材。

(3)课外活动时间使用体育器材者，应由相关部门提出申请，经体育部负责人批准，方能借出，并要在使用完后立刻归还。

(4)当面点数检验器材，做到如数、完整、完好。

(5)在回收器材时，要当面检验。

(6)要一次性地将器材放回原来的位置，严禁随意堆放。

4. 体育器材管理员要坚守岗位

体育器材的管理工作非常烦琐，因此，器材管理员对于每天的工作任务要有计划、按部就班地完成。一般来说,在上课前要做好卫生、整理场地器材、给球充气等方面的工作;上课期间,器材管理员要随时准备应付如天气变化、任课教师改变计划、器材损坏等突发事件,以使教学秩序保持正常、有序进行,切忌擅离职守。

三、体育教学物力资源管理的要求

对于学校体育教学物力资源的管理来说,体育场馆的管理是其中一项基本工作,也是非常重要的一项工作。学校体育教学物力资源内容较多,对体育教学物力资源的管理工作要求事无巨细,具体来说,对体育教学物力资源的管理,应做到以下几点要求。

1. 体育场馆、场地、教室的管理要求

(1)功能齐全,搭配合理

目前,体育场馆是开展体育教学课的重要场所,为了保障课堂教学、活动和训练的正常进行,体育场馆的功能必须要使教学需求得到满足,并且要搭配合理,专馆专用。其中,学校院校普遍开展的体育课程要保证优先进行,这类体育课程主要包括田径、篮球、排球、足球、羽毛球、乒乓球、武术、健美操、游泳、体操等。

(2)环境优雅,卫生整洁

学校中体育场馆、场地、教室的主要功能就是使师生体育活动的需求得到满足,保障师生身心健康,因此,这就要求必须做到整洁、安全,环境优雅、安静,不影响上课。

一方面,体育场馆、场地、教室卫生整洁,有利于使师生在体育锻炼时保持心情愉快,以促进体育教学与训练效果的顺利实现。另一方面,良好的体育环境不仅包括环境卫生,还要求体育教学环境保持足够的安静,有利于教师和学生集中注意力,不受外界干扰,顺利完成体育教学任务。

(3)制度健全,责任分明

体育场馆、场地、教室中的很多工作都是周而复始的,比如保

洁人员每天的工作都是打扫同一个地方，收拾同一件物品，管理人员有时会检查同一批器材，巡视同一个地方。因此可以说，体育场馆的管理是一项长期、细致、艰巨的工作，需要制度化，施行责任制。简单工作的单调重复，往往会让人产生枯燥的感觉，视觉疲劳、精神疲惫的现象也比较容易产生，这样就会使人对工作失去激情，时间长了就会使人们失去工作的热情，情绪下降，工作质量缩水、淡化。因此，对工作进行制度化、常规化，可以采用周期安排的方法，一周或一月为一周期。以事情的轻重缓急为主要依据，均匀地安排在一个周期内，这样，在保证工作不单调的同时又能把需要做的事都做完。

总之，要把工作的质量以制度的形式规定下来，循规办事，就可以使工作的正常进行得到有效的保证，施行岗位责任制是非常重要且必要的。这样不仅有利于工作人员和管理人员的操作，还有助于工作人员和管理人员的检查。

2. 体育器材的管理要求

体育器材的管理要做到“分门别类，秩序井然”，以使用频率为主要依据对其进行分类。为了便于教学活动的进行，通常情况下，经常使用的大型器材固定位置摆放，小型器材定点存放。需要注意的是，不需要经常使用的器材禁止在场内随意摆放，必须收进保管室妥善处理。

第二节 体育教学中财力资源的管理

一、体育资金与体育教学财力资源

(一)体育资金

资金是国民经济中物质的货币表现，根据不同的标准，可以将其形式分为很多种。比如，以分配形式为依据，可以将资金分为财政资金和信贷资金；以用途为主要依据，可以将资金分为建设资金、生产经营活动资金和其他用途的资金。

在体育领域内，可以简单地将体育资金理解为，专门用于发展体育事业的人力和物力的货币表现。根据不同的标准，可以对体育资金进行不同的划分，即其具有多种不同的形式，其中，最主要的形式有两种：一种是以使用性质为依据，将体育资金分为体育事业投资和体育基本建设投资；另一种是以体育资金的使用去向为主要依据，可以将体育资金分为群众体育投资、竞技体育投资和体育教育科研投资。体育资金是体育事业得以顺利发展的必要条件，是体育经济学研究的重要课题。

（二）体育教学财力资源

在体育教学中，体育教学财力资源主要是指用于体育教学活动中的各种资金资源。学校对体育教学财力资源的管理主要体现在学校进行资金预算安排和资金使用方面。

在高校体育教学财力资源管理中，需要不断增加对体育教学活动、科研经费的投入。实现教学经费投入力度的增加，切实提高生均教学资源的额度是保障高等教育培养人才所需要的教学环境和资源条件的客观要求，也是高校体育教学财力资源管理的重点。[①]

二、体育教学财力资源管理的内容

（一）体育器材经费管理

1. 科学制定采购器材预算

以每年体育器材消耗费用、第二年增减项目的器材费用、体

① 后磊．高校内部教学资源共享对策研究——基于DEA评价模型[D]．武汉理工大学，2013.

育教师工作服、机动费用等为主要依据，来将年度采购的预算做出来。具体包括以下三方面内容。

(1)每年的体育器材固定消耗费用预算。一般情况下，每年体育器材的消耗费用是固定的，如篮、排、足、羽等，每年在球和球拍的使用上消耗比较大。这笔费用是每年采购预算必列项目。

(2)第二年的体育器材增减费用预算。对于第二年增减项目器材费用预算，应结合本校的实际情况，是为改革需要、特殊情况处理以及器材购置作调整而准备的。体育教师工作服要根据每个学校的情况来采购，可以集体采购也可以由体育教师自己购买，但是必须纳入年度采购的预算项目内。

(3)体育器材经费的机动经费留存。机动费用一般是灵活经费，由于每年经费都会有一定的增减，机动费用是以备不时之需的。

2. 规范采购行为

每年学校体育器材的采购花费是一笔不小的开支，采购的质量和渠道能否使学校有限的体育经费充分发挥作用会产生非常重要的影响。鉴于此，就要求将这些经济交往中的不正常行为杜绝掉，并且买到物美价廉的产品，增加采购透明度，提高采购行为的规范性。

3. 减耗增效

为了降低采购体育器材的经费，要充分发挥体育器材的作用，把其损耗降到最低。但是，不可否认的是，只要器材使用就肯定会有损耗，因此，这就要求在管理方面加大力度。体育器材可以分为不同的种类，比较常见的有大型的、固定资产和小型的以及消耗品。其中，大型器材通常不会经常购置，只有小型消耗品需要每年添置。加强对各项体育经费的管理，将体育器材的使用效率处理好，使体育器材成本得到有效降低，从而使体育器材经费发挥高效率的作用。因此，体育器材管理的减耗增效主要是针对小型体育器材而言的。

为了最大限度地降低体育器材的消耗，以减少体育器材的经费支出，必须建立健全体育器材管理制度，规范器材采购和管理，减少不必要的损失，最终达到减少体育教学器材开支的目的。

（二）体育活动经费管理

对体育教学活动经费管理的目的主要是保障学生更好地开展体育教学活动，增强学生的体质，发展学生的技术水平。在体育活动经费管理过程中，管理者要遵循群体活动经费的使用规律，把每一分钱都用在学生的身上。

当前，学校体育活动经费的管理具体内容如下。

1. 一般体育活动经费

体育教学活动的开展需要使用一定的体育器材，动用一定的人力和物力，因此需要一定的经费支持，不同规模、类别的体育教学活动涉及体育经费支出不同，一般来说可以充分利用现有的体育器材、邀请体育教师组织和指导，但特殊情况下也需要购买一定的活动物品，但这部分支出是非常少的。

2. 学生体育协会活动

学生体育协会活动是通过学校的扶持、体育教师的指导、学生的积极参与进行的。学生体育协会有规范的章程。学生自愿参加协会，遵守协会章程，履行入会手续，交纳会费，并能够积极参加组织的活动。

学生体育协会主要从五个方面获取经费。

（1）学生入会的会费。学校体育协会活动是以学生缴纳入会费进行运作的，该组织的开销费用都是从入会费中来的。但是，学生缴纳的费用是很少的，不足以支撑活动的开展，因此，就需要从学校经费预算方面得到支持。

(2)学校提供给指导教师的费用。

(3)学校提供基本的活动经费。

(4)学校提供必要的场地器材。

(5)其他形式的赞助。

学生体育协会经费开支主要有以下几个方面。

(1)添置器材费:学生单项体育协会活动所使用的器材都是与体育课堂教学器材共用的,但是,对于一些较为特殊的单项体育协会来说,这是远远不够的,如成立拳击、划艇、棋牌等体育课难以开设的协会,就需要专门添置器材,因此,需要将这笔费用列入学校经费预算中。

(2)教师指导费:体育教师对学生单项体育协会是否能够进行科学指导,是该项活动能否长期稳定开展下去的关键。因此,这就要求必须对教师指导设置专门的酬费或者计入第二课堂课酬。

(3)协会内部比赛费用:学生单项体育协会除了平时自己组织练习外,还可以开展协会内部的竞赛活动,开展活动就需要增加一些奖励费用。因此,要保证比赛的顺利进行,就需要将这部分费用列入学校预算中。

(4)外出比赛费用:单项学生体育协会成立的主要目的是使在校广大学生的兴趣得到满足,能够广泛开展校际之间的体育交流等。但是,如果外出进行比赛,就会有一些费用开支,这些费用靠学生缴纳的费用是远远不够的,因此,需要列入年度预算中。外出比赛的开支费用主要包括交通费、误餐费等。

3. 学生体育郊游费用

随着体育课程改革的不断进步,体育课程的开展已经不仅仅局限于校内了,校外(社会、野外)活动逐渐成为体育课程结构的一部分,这不仅使学校体育教学的领域得到了进一步的扩展,同时也增加了经费开支。

在体育教学过程中,为了丰富学生体育生活,保证学生体育郊游等系列活动有计划地开展和顺利进行，需要学校等方面给予充足的资金支持，比较重要的费用包括交通费、门票费、餐务费以及体育器材费等。

（三）体育竞赛经费管理

1. 校内体育竞赛经费

校园体育竞赛的举办需要一定的资金支持，一般来说，学校体育比赛的开展过程中体育经费的支出最主要的几个方面有添置器材费、组织编排费、裁判劳务费、奖品费等。具体分析如下。

（1）添置器材费

一般来说，添置器材的费用会在年度体育器材预算中得到体现，如出现事先无法预料的事情，需要临时添置，动用机动费用。

（2）组织编排费

在体育竞赛中，负责编排的教师组织制定竞赛规程、召集有关人员开会布置工作、培训裁判（理论学习与实习）、编排竞赛日程、准备裁判器材、安排裁判和比赛队、准备奖品等各种竞赛事项所得的报酬，就是所谓的组织编排费。

（3）裁判劳务费

裁判工作是体育竞赛的重要工作之一，必不可少。裁判劳务费要以各校的不同情况来合理制定标准，而且要注意教师和学生是有所区别的。对教师可以折算成课时，或用其他方式，对学生以培养学生的组织裁判能力为主，适当的经济补贴为辅。

（4）奖品费

学校体育竞赛奖品费与职业体育竞赛是有一定差别的，具体来说，学校体育竞赛奖品费主要以鼓励学生为主，经济奖励为辅；集体荣誉为先，个人荣誉在后。因此，在分配奖励时，要重集体轻个人，加重集体名次的奖励，个人名次以发给荣誉证书为主，也可以发少量奖金。

开展校园体育竞赛，是丰富学生校园体育生活、建设校园体

育文化、检验体育教学与训练成果的一项重要举措，因此，对体育竞赛的开展一定要做好足够的经费预算，以便于保证体育竞赛的顺利开展，否则，缺少任何一项都有可能影响体育竞赛的成功举办。

2. 校外体育竞赛参赛经费

校外体育竞赛参赛经费是指学校体育代表队进行校外大型比赛的经费开支。学校体育竞赛经费可以实行专款专用的模式，也可把经费细划，这些竞赛往往会对整个学校的荣誉产生较大的影响，因此，就要求加强这方面的管理力度。具体来说，校运动队参加校外体育竞赛经费的管理要从以下几个方面入手进行。

(1)训练竞赛器材费用

为了在比赛中取得良好成绩，必须加强训练，这就涉及训练器材的购入，尤其是系统的、特殊的训练竞赛的进行需要配备专门的体育器材，要与实战要求相近，在规格方面，可以高于实战的规格，但不能比实战规格低，究其原因，主要是体育器材的质量和档次会直接影响运动员的训练和比赛结果。

(2)运动员训练补助

运动员训练补助是运动队参加校外体育竞赛经费的一项重要开支。运动员的训练与学生体育协会的活动是有一定差别的，他们是为学校争得荣誉，训练需要消耗体力，要有营养补充，而对于学生体育协会的学生来说，是不需要这笔费用的。要以运动员的等级、贡献的大小、技术水平的高低等要素来决定这些补助的多少。

(3)教练员训练课酬

在校运动队准备参赛期间需要加强训练，聘请或组织专门的教练员开展训练。教练员训练课酬与其他公共课有一定的差异性，这是因为竞赛训练需要教练员全身心投入，而且还要以每个成员的情况为主要依据，随时对训练计划进行适当的调整。在训练过程中，不光要抓运动员的训练，抓文化学习，还要做好运动员的思想作风、生活、招生(体育特长生)等工作，外出比赛还需要联系交通车，比赛回来要解决运动员的洗澡、吃饭、住宿问题，还要随时掌握竞争对手的情况等，这些需要耗费很大的精力。因此，为了能够让教练员集中精力将训练和竞赛搞好，学校应该给予教练员一定的照顾。

(4)运动员比赛服装费用

代表学校参加比赛需要给运动员准备统一的竞赛服装，一般要求运动员的比赛服装在每年的大赛前添置一套，配置两短一长一双鞋，也可以根据本校情况和需要增加相应的配置。这方面的经费要根据市场价格来确定，并且要求服装要与竞赛规则相符，同时还要具有实用、美观、耐久等特性。

(5)外出招体育特长生经费

通常情况下，为了促进学校体育教育不断发展，往往会外出招收体育特长生，这项工作也需要一定的经费。它需要长期的礼尚往来、情报沟通。除了一般的工作关系外，要想招到较为满意的优秀体育人才，还要进行一定的感情交流，这些都需要经费。通常情况下，外出招体育特长生需要的经费支出主要包括差旅费、交际费、电话费等费用。

(6)比赛奖励

校代表队在正式比赛中取得好成绩，理应进行奖励。奖励不仅能够使运动员的士气得到有效的鼓舞，同时，还能够利用重奖作为招生的有利条件，将高水平队员吸引到本校就读，这对于体育人才的引进也是非常有利的。一般情况下，是要按照级别、名次进行奖励的。不同级别的比赛及获取不同的名次，获得的奖励也是不同的。通常来说，省一级比赛取得前六名就应有奖励。这些也都需要一定的经费支持。除此之外，奖励也是学校代表队可持续发展的一项重要措施。

(7)后勤费用

后勤费用是校代表队外出参赛的日常支出，包括衣食住行等的费用。校代表队进行校外竞赛时，距离的远近往往在很大程度上决定着花费的多少。一般来说，在近距离时需要交通车，远距

离需要交通费，甚至需要住宿费、餐务费等。这些都需要在年度预算中列出。

（四）体育教研经费管理

随着现代体育教学对体育教师综合素质的要求越来越高，如何提高自身的竞争力成为许多体育教师关注的焦点。同时，日益发展、创新的教学模式也逐渐使体育教师认识到向研究型教师转变的重要性。在学校课程理论与教学理论不断发展变革过程中，体育学科也是无时无刻不进行着改旧换新，这就需要体育教师重视开展教研工作，而学校应为教师的体育教研教改提供经费支持。学校体育教研经费主要包括以下几个方面内容，而管理也是从以下三个方面入手的。

1．邀请有关专家作科研成果鉴定费用

在本校的体育科研中，由于缺乏经验和技术支持等原因，需要邀请专家对本校的体育科研成果进行鉴定，请有关专家进行一系列的评估和调研。因此，也应该将这一项费用列入年度经费预算。

2．参加体育科研研讨交流会议费用

一般来说，体育教师进行体育科学研究要发表论文，论文发表后就可能被邀请参加各级体育科研论文报告会，因此，这就成为每年年度经费预算中不可缺少的一个重要部分。

3．外出考察观摩学习费用

在体育课程教学改革过程中，对上级下发的文件的理解每个学校都会存在着差异。通过外出考察、观摩和学习，能够充分理解上级的指示，能够通观全局，找到适合本校的改革方案，进一步改进本校的体育课程教学。因此，每年的体育经费预算中就需要列入外出考察的费用，以为本校体育教师外出学习经验和技术提供足够的资金支持。

三、体育经费的预算、收入与支出

(一)体育经费的预算

学校体育经费的支出是一项非常重要的财务管理工作,学校财务人员应该按年度对体育教育的各项经费进行收支预算,就是所谓的学校体育经费的预算。

学校体育经费的预算是有一定依据的,体育教学部(室)在对体育经费的使用与管理方面,应当在遵循勤俭节约原则的基础上,以财务管理的规定和权限为主要依据,履行相应的报批手续,严格执行国家和学校制定的财务制度与经费使用办法。具体来说,在学校体育经费预算中,应做好以下工作。

(1)国家和学校的有关财政法规制度。

(2)学校对经费预算的内容要求。

(3)上年度收支指标完成情况分析和决算财务分析。

(4)本年度学校经费预算的指导思想。

(5)本年度学校体育自我创收经费估计。

(6)本年度开展学校体育工作所需要的经费预测或者与上年度相比主要增减项目。

(7)熟悉预算科目和预算表格。

(二)体育经费的收入

随着我国对校园体育发展的重视,包括政府在内的各方面都给予了学校体育发展极大的关注与支持,当前,学校体育经费的收入渠道有很多,其中,最主要的有事业拨款、学校筹措、社会集资和自行创收等几个方面。具体如下。

1. 事业拨款

事业拨款是学校体育经费的主要来源,具体是指从教育行政

部门按学生人数下拨的教育事业经费中用于体育方面的资金。这一资金来源在学校体育经费中占据较大比例。事业拨款主要有以下三个方面的用途：第一，维持正常学校体育工作开展的体育维持费；第二，用于购置大型体育设备的体育设备费；第三，学校体育场馆建设专项经费等。

2. 社会集资

社会集资主要是通过学校体育赛事赞助来实现的，具体是指学校或体育教学部（室）通过举办重大比赛、参加重大比赛以及体育场馆建设等向社会各界募集得到的赞助费。

3. 学校筹措

学校筹措是指学校内部在创收、校办产业等方面的收入。这部分资金的用途主要是体育教师的奖福经费、课时酬金补贴等。

4. 自行创收

自行创收是学校体育经费来源的一个新形势，通常，由体育教学部（室）通过合法的手段向师生和社会人员提供有偿服务而获得的收入，就是所谓的自行创收。

（三）体育经费的支出

在学校体育教学、训练、科研等活动过程中，需要进行经费投入的地方有很多，其中较为重要的有以下几个方面。

（1）专项建设费用：主要用于体育场馆的建设。

（2）体育维持费用：主要用于课外群体活动、运动队训练与比赛、图书资料的添置、正常体育教学的维持、场地器材维护等。

（3）器材设备费用：主要用于购买一些大型的器材设备。

（4）办公费用：主要用于学校体育教学管理机构的日常办公。

（5）其他费用：用于学校体育教师和行政后勤人员的酬金补贴和后勤经费。

第三节 体育教学中人力资源的管理

一、体育教学人力资源及其管理的概念

(一)体育教学人力资源

体育教学人力资源有着广义和狭义之分,具体分析如下。

广义的体育教学人力资源是指体育教学系统内部和外部所有能够推动体育教学发展的智力劳动者和体力劳动者的劳动力总和。根据上述定义可以看出,劳动能力包含着很多内容,如体育知识、体育相关经验、体育技术和战术、体育技能、智慧、体育教学管理思想、体能、体质、认知、意志力等。又由于人的劳动能力与人是一个密不可分、紧密相连的整体,因此,可以将广义的体育教学人力资源理解为:是体育教学系统内部和外部所有能够推动体育教学发展的从事智力劳动和体力劳动的人的总称。

狭义的体育教学人力资源是指体育教学系统内所有接受过专业的体育教育培养或接受过体育运动训练和培养的能够推动体育教学发展的体育专业人员的劳动能力的总称。也可以将狭义的体育教学人力资源理解为:是体育教学系统内所有接受过专业的体育教育培养或接受过专门的体育运动训练和培训的能够推动体育教学发展的体育专业人员的总称。

本书对体育教学中人力资源的研究主要是指狭义上的体育教学人力资源。

(二)体育教学人力资源管理

所谓体育教学人力资源管理,具体是指对学校体育教学人力资源的选拔、培养、使用等方面进行有效整合,使人才的价值得到

充分发挥，从而实现组织目标的过程。[①]

在体育教学管理工作中，体育教学人力资源的管理应实现以下基本管理目标。

(1)最大限度地满足组织对人力资源的需求提供保证。

(2)最大限度地开发组织内部和外部的人力资源，更好地促进组织的持续发展。

(3)维护与激励组织内部的人力资源，最大限度地发挥其潜能，进一步提高和扩充体育教学人力资本。

二、体育教学人力资源管理的内容

学校体育教学人力资源主要包括以下三种：第一种是现实学校体育教学人力资源，具体是指正在投入到劳动过程中的，并对学校体育教学的发展产生贡献的劳动能力，如在职的学校体育教师、教练员、裁判员、体育科研人员、体育管理人员、社会体育指导员、体育经纪人等；第二种是潜在学校体育教学人力资源，具体是指由于受到某些原因的限制而不能直接地参加特定的劳动，需要经过人力资源的开发等过程才能形成劳动能力，如就读于学校体育专业的学生等；第三种是闲置学校体育教学人力资源，具体是指“求业人口”或“待业人口”的劳动能力，如退役后等待安置的运动员，下岗后等待安置的教练员、裁判员、体育师资等。

这里重点对学校现实体育教学人力资源管理内容进行详细分析，主要包括对体育教师、教练员、运动员、一般学生的管理。

(一)体育教师管理

1. 教师素质要求

体育教师的素质直接决定着体育教学活动的质量，体育教师

---

① 肖林鹏．体育管理学[M]．北京：北京师范大学出版社，2011.

素质的高低将直接影响着教学的质量以及学生的发展。因此,体育教师必须具备良好的综合素质,具体包括以下几个方面。

(1)思想政治素质:教师的职业道德是思想素质的重要方面,它要求教师对工作积极负责,并且尊重学生,对学生一视同仁。

(2)知识结构素质:体育教师不仅要掌握基本技能和运动基础知识,还要具有高度的体育专业理论知识,并能够了解体育教学的基本规律和学生身心发展的基本规律。

(3)能力结构素质:体育教师必须具备良好的体育教学能力,能合理进行教学设计,合理安排教学内容和选择教学方法。体育教师必须具备良好的组织教学能力,教师的组织和管理能力较强,则能够协调师生之间的关系,并且能够更好地运用各种体育教学资源,促进体育教学活动更好地开展,还能够激发学生学习的积极性。体育教师应具备良好的表达能力,能有效指导学生进行体育学习。此外,体育教师还应具备良好的身心素质、管理能力和创新能力。

2. 教师的编制与组织管理

体育教师编制的制定是否科学是高校体育教师管理的一项基础性工作。如果编制富余,就会出现机构臃肿,人浮于事,将造成工作量不能满负荷;如果编制紧缺,高校体育工作质量又将难于得到保证。

当前,科学组织校园体育教师队伍建设,必须制定完善的体育教师管理规定,加强和落实各职能部门的职责分工,这是高校体育教师管理工作的重点之一。在高校教师组织管理过程中,学校应结合学校现行的专业技术人员职称评审办法和人事分配制度改革中的“岗位津贴”评审、考核、奖惩等办法,规范体育教师管理。

3. 教师的教学评价管理

体育教师的教学评价管理涉及体育课堂教学的方方面面,如

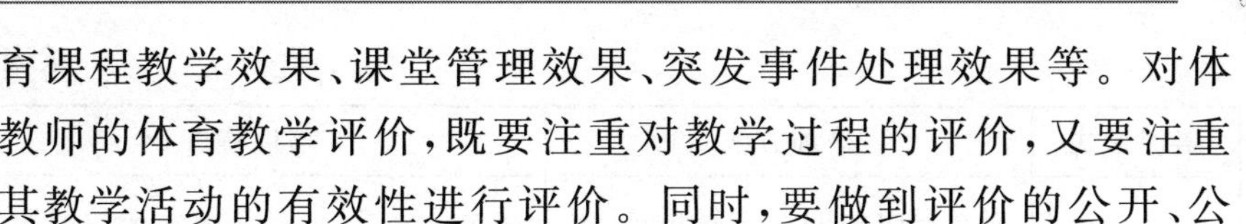

体育课程教学效果、课堂管理效果、突发事件处理效果等。对体育教师的体育教学评价，既要注重对教学过程的评价，又要注重对其教学活动的有效性进行评价。同时，要做到评价的公开、公平、公正。

4．教师的培养、培训管理

（1）体育教师的培训目标

①强化体育教师的职业信念，提高体育教师思想政治素质和师德修养水平。

②使体育教师具有一定的现代教育意识、观念。

③使体育教师掌握本学科专业理论和教育理论，熟知体育教学规律和学生学习规律。

④使体育教师掌握基本教学技能和现代教育技术，并能灵活运用。

⑤使体育教师掌握教育科研方法，能开展教改实验和理论研究。

（2）体育教师的培训形式

体育教师的培训形式主要有培训班、研修班、个别指导、教研活动、课题研究等，各培训形式的方法和特点见表 7-1。

表 7-1　体育教师的培训形式

培训形式	培训方法	培训特点
培训班	将受训的体育教师组建成教学班，通过面对面教授教学进行培训	培训容量大、信息密度大、计划性强，适用于新教师的培训、骨干教师培训
研修班	通过集体展开对某些体育教育问题或某一主题的研讨对教师进行培训	要求参加培训的体育教师必须具有较丰富的实践经验和一定的教育理论素养
个别指导	让优秀的体育教师以“师父带徒弟”的方式培训新教师	能清楚地掌握培训进度，有利于新体育教师集中注意力；对工作要求有较强的适应性

续表

培训形式	培训方法	培训特点
教研活动	对教学中的问题进行讨论、观察、分析，通过点评促进体育教师的发展	将学员分组，对课堂中发现的问题进行讨论，培训者在受训者讨论过程中积极引导
课题研究	通过自学、研讨、试验、经验总结等提高教师科研水平和综合能力	对体育教师的科研能力具有较高的要求
教学实践和社会考察	培训者进行集体性的观摩、分析、检查、评估、交流、研讨	主要针对体育课教学中某个特定问题进行的教师培训，需要参考大量背景资料

5. 劳动关系管理

对学校体育教学组织与教职员工之间的劳动关系进行合理的协调与改善，并营造出良好的工作氛围和和谐的劳动关系，从而为学校体育教学活动的正常开展提供保障。

6. 薪酬管理

包括体育教师的基本薪酬、绩效薪酬、津贴、奖金以及相关的福利等，管理人员要对这几类薪酬进行合理的设计和管理，以保证与提高体育教师教学工作的积极性。

(二)教练员管理

1. 教练员的角色分析

(1)教练员是训练过程的主要设计者和组织者，同样也是训练管理工作的重要决策者，还要与队伍中其他管理人员密切配合。

(2)教练员是运动队伍的信息沟通者，必须时刻掌握本项目运动训练发展的最新动态和与本运动队有关的其他运动队的信

息并及时向领队和其他管理人员通报信息。

(3)教练员是运动队伍的人际关系协调者,运动员之间难免会产生矛盾,教练员应该协助领队做好运动员的工作,化解矛盾,协调关系,以维护训练工作的顺利开展。

2. 教练员的素质要求

(1)事业心和责任感:教练员的事业心和责任心能在潜移默化中影响运动员,使运动员树立自信,愿意为训练不断付出。

(2)专业知识:教练员对于体育学科以及相关学科的知识掌握得越广泛、越深刻、越熟练,越有助于提高训练效果和质量。

(3)影响力与沟通能力:运动训练具有长期性、艰巨性、反复性的特点,教练员应在各方面都成为运动员的表率,关心和爱护运动员,指导运动员始终保持敏锐冷静的头脑,带领他们攀登竞技运动高峰。

(4)学习和创新能力:创新能力是一个高级人才不可或缺的素养,也是一个运动项目保持优势的灵魂。为保证训练的科学性与先进性,教练员应不断进行钻研和学习,并敢于和善于创新。

3. 教练员招聘与选拔

学校体育教学组织人员的招聘与选拔,要以学校体育教学人力资源规划为具体依据,并为选拔出的人员安排合适的岗位。

4. 教练员运动项目配置

在对教练员进行运动项目合理配置时,要注意和重视梯队的合理性,如职称结构、年龄结构、人员结构等。要对运动项目可能出现的人才过分集中或严重匮乏现象进行有效避免。

5. 教练员绩效考评

对教练员的绩效考评有两个主要依据,一是其在一定时间内对学校体育训练贡献的多少，二是其在工作中所取得的成绩，考核后要将考核信息与结果及时向员工反馈，进而促进教练员工作绩效的改善与提高，同时也为做出人事决策提供相应的依据。

（三）运动员管理

1. 运动员的角色分析

（1）运动员是运动队管理的主要对象：运动员是运动训练的主体，应该模范地遵守各项管理规章制度，接受教练员的训练指导和管理安排，以保证顺利完成训练任务。

（2）运动员是运动队管理工作的积极参与者：运动员应该积极参与运动队的管理工作，与领队、教练员协同配合完成各项工作。

2. 运动员的素质要求

（1）事业心和强烈的进取精神：要想成为优秀的竞技选手，运动员必须付出艰辛的劳动，做出巨大的牺牲，因此，运动员必须要具有高度负责的事业心和强烈的进取精神。

（2）坚韧不拔的意志品质：优异的运动成绩的获得需要运动员承受很大的训练负荷，这就要求运动员不畏艰辛、克服各种困难。

（3）较强的自控能力：一般来说，运动员自控能力越强，越有利于保持稳定的心理状态，创造优异的运动成绩。

（4）良好的学习和理解能力：运动员必须具有独立的准确的思维能力，学会分析、判断各种训练问题，对教练员训练指导能准确理解并自觉完成教练员布置的各种训练任务。

3. 训练计划制定

训练计划是运动训练顺利进行和训练效果得到提高的重要保

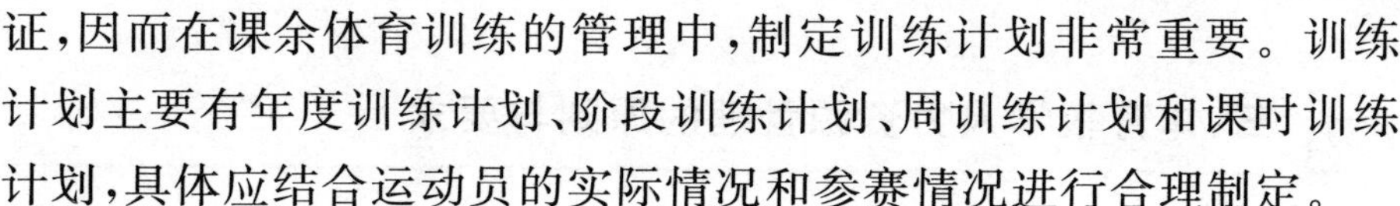

证，因而在课余体育训练的管理中，制定训练计划非常重要。训练计划主要有年度训练计划、阶段训练计划、周训练计划和课时训练计划，具体应结合运动员的实际情况和参赛情况进行合理制定。

（四）学生管理

这里主要从体育教师的角度，来对学生的体育学习管理进行具体分析。

1．课堂管理

在体育课堂教学中，体育教师应做好以下工作。

（1）明确教学目的。体育教学目的是课堂教学的出发点和教学活动的最终归宿，使学生了解教学目的有助于教学活动的有序展开。

（2）科学选择教学内容与方法。教学内容是课堂教学的载体，是完成教学任务的重要保障，正确的教学内容，应体现科学性与思想性的统一。合适的教学方法选用能充分调动学生学习的积极性，将传授知识与发展智力、教书与育人、统一要求与因材施教有效结合起来。

（3）严密组织课堂教学。在体育课堂教学过程中，教学活动的安排要结构紧凑，科学分配时间，以提高教学效率和优化教学效果。

2．课后管理

（1）体育教师应按时下课，做好本次课的总结工作，并根据学生的意见和建议安排好下一次课。

（2）组织学生收回器材、整理场地。在整理体育器材的过程中，应分门别类放置器材，如数、完整、完好地归还器材管理室。

3．课外活动管理

体育教师应将学生的体育课外活动的计划纳入学生作息时间的规范管理，建立与之配套的工作规范，组织安排全校晨操、课间操、大课间活动等的内容，并协助班主任组织好所带年级的活动等。

三、体育教学人力资源管理的原则与要求

(一)体育教学人力资源管理的原则

1. 目标原则

任何管理都必须有明确的目标,这是实现有效管理的重要基础。在体育教学人力资源管理中,在重视实现组织目标的同时,也要对员工个人的发展给予高度重视。既要注重组织目标的实现,也要关注个人的发展。

2. 能级原则

“能级”是现代管理中十分重要的概念。“能”是指人的能力大小,“级”是指管理体系和管理结构的设置要体现不同的层次和工作内容。能级原则要求在体育教学人力资源管理中,应明确人员职责、用人得当、人尽其才,以人的职称、学位等为主要依据将其安排到合适的岗位上,能够使各个岗位人员的能级水平尽可能地规范化和标准化,使人的才能适应其所从事的工作岗位的要求。

3. 系统原则

体育教学人力资源的管理应从整个学校的管理系统出发,统揽全局,对人力资源系统结构进行把握,深入分析其能级,并且对其变化进行跟踪,与此同时,还要不断地对其进行调节、反馈,控制好方向,从而保证学校总的管理目标的顺利实现。

4. 互补原则

互补原则是学校体育教学人力资源管理的重要原则之一。具体来说,通过体育教学人力资源管理上的互补,能够充分发挥出体育教学人力资源的整体效益。人员互补包括很多方面,如能力互补、知识互补、气质互补、年龄互补等。

5. 激励原则

在现代管理中,激励手段的有效运用,不仅可以调动组织中每一个成员的积极性,而且也能提高管理的效能。激励原则要求运用相应的政策手段,对体育人才做出的成绩与贡献给予适当的奖励(如奖励激励、榜样激励、情感激励、领导行为激励等),使其始终保持工作的积极性和主动性。

(二)体育教学人力资源管理的要求

1. 为职择人

为职择人要求在体育教学人力资源管理中,要以体育事业的需要为主要依据来设置相应的体育管理机构,并且以此为依据将各岗位职责规范制定出来,然后按岗位选配合适的人才。避免因人设岗,按人设事,为人择职以导致机构臃肿、人浮于事、效率低下等问题。

2. 用当其人

用当其人要求在学校体育教学人力资源管理中,使用各种人时,必须做到用人之长,避人之短。同时,要考虑人才的使用周期,尽量在人才素质最佳的阶段最大限度地发挥其潜力。

3. 任人唯贤

任人唯贤要求对体育人才选择和使用时,要根据人的技能水平、能力等择优选拔和使用,严禁任人唯亲。

4. 用人不疑

“疑人不用,用人不疑”是重要的管理哲学,要求管理者对所选择和使用的人才给予充分的信任,积极听取其意见,尊重其行动,尊重其成果,创造出良好的人才使用环境和建立良好的工作氛围,以最大限度地激发人才的工作热情。

第八章 体育教学活动的科学组织与管理

在体育教学中，对各种体育活动进行科学组织与管理能够更好地促进体育教学水平的提高，因此，本章对体育教学中的各项体育活动的科学组织与管理进行研究。

第一节　体育课堂教学活动的管理

一、体育课堂教学活动管理概述

体育教学的目的是为了满足学生的体育需求，促进学生体质健康状况的发展，并培养其体育锻炼的意识，使其掌握相应的体育锻炼的理论和知识，并掌握体育锻炼的手段和方法，养成体育锻炼的习惯，促进学生的全面发展。具体而言，我国体育教学的目的主要包括以下几方面。

(1)向学生传授体育文化知识、体育理论知识和体育运动技术技能知识，并提高学生的体育运动技能。

(2)培养学生对体育活动的兴趣和竞争意识。

(3)提高学生的健康素质和活动能力。

(4)帮助学生树立终身体育的思想，为社会造就合格的、全面的高素质人才。

体育课堂教学其最终目的也是为了体育教学目的的实现，因

此体育课堂教学管理也应服务于体育教学的目的。体育课堂教学管理应促进学校体育教学的顺利完成，为学校实施体育教育、培养体育人才的目标服务。体育课堂教学的管理就是保证体育教师与学生始终坚持向着这一正确的方向努力且没有偏差，始终走正确的体育教学之路。

现阶段，完成体育课堂教学管理以实现体育教学目标，具体可以从以下几个方面着手。

其一，树立正确的教学思想。在进行体育课堂教学活动的管理时，应以正确、科学的教学思想为指导。符合社会和体育发展的规律、符合体育认识的规律、对体育教学具有指导意义的教学思想是当前学校体育教学的正确教学思想，它是教师体育教学可开展的先导。现阶段，随着社会发展、生活方式的改变，体育渐渐变为娱乐和消遣活动，而且人们终身锻炼的需要日渐强烈，其终将成为人们的基本需要。因而运用科学的方法以多种手段进行锻炼，是学生有效地增强体质的必然需要。

其二，强化体育的多功能目标。体育教学具有多方面的功能价值，能够促进学生的全面发展。强化体育的多功能目标是现代体育教学的重要发展趋势，也是体育教学科学化管理必须遵守的原则和要求。

就体育教材的选择来说，体育教学要依托教材进行，因而选择学校体育课教材的内容，既要考虑其生物性价值，也要考虑其教育性功能，将科学性和实效性结合起来。

就体育教师的教学来说，体育教师既要注重知识的传授，又要注重运动技术的教学。体育教师还应在保证教学质量的基础上，突破传统模式的束缚，善于用多种方法发挥学生的主体作用，促进教学任务的完成和学生学习任务的完成。

其三，科学评价体育教学过程。对体育教学的过程进行科学评价，能够保证体育教学活动的顺利开展。科学的体育教学评价既要客观地评价体育教学的结果，但是也不能忽视整个体育教学过程。体育教学评价要反映学生再学习过程中提高的幅度和可能产生的深远影响，纠正以体能来反映体质状况、以技能反映教学效果的以偏概全的评价方法，并且要制定出能将体育教学的结果评价和过程评价有机结合起来的方法，完善和改进现有的教学评价体系，促进学校体育教学目标的实现。

二、体育课堂教学活动管理的原则

（一）差异化管理原则

学生之间具有较大的差异性，这就要求在进行体育教学管理时应注重学生间的差异，既要有面向学生全体的统一要求，又要根据学生的实际情况来区别对待。现代社会对人的个性发展尤为重视，因此在体育教学中也提出了差异化教学理念。在课堂教学活动管理上，教师应做到以下两方面。

(1)深入了解学生的情况和个体特点，要通过调查研究全面了解学生对体育的认识，根据学生的兴趣爱好、体育基础、健康状况、身体发展等多方面的情况，从而找出其共同点和差异所在。

(2)教学计划的制定，教学目标的确定应确保其符合学生实际，以满足不同学生的学习需求。

（二）发挥学生主体性原则

学生是体育教学的主体，是教学活动的对象，教师应根据学生的状况来安排相应的教学活动。随着体育教学的改革和发展，在注重教师的主导性的同时，也更加注重学生的主体性。坚持主体性原则应注意以下几方面的问题。

(1)学生是体育课堂教学的主体，教师应树立学生主体观和以学生为宗旨的教育观，以引导为主，确立为学生的“学”而教的理念，更好地为学生服务。

(2)在课堂教学中，教师的“教”应为学生的“学”服务。教学活动要围绕学生展开，也就是说课堂中学生活动要占大部分

时间。

(3)在课堂教学中，教师应该采用启发式、发现式教学方式，以激发学生的主动性与创造性。

(4)教师应促进学生积极参与教学活动，并促进教学的创新。

(5)引导学生学会学习，学会自我解决问题的方法。

(6)充分考虑学生的个体差异，对不同的学生教学方法应该有所不同，做到因材施教。

(三)激发学生兴趣原则

兴趣是推动学生进行学习的重要动力，教师在进行课堂教学管理时，应注重对学生学习兴趣的培养。教师应根据学生不同阶段、水平的兴趣特点进行教学设计，让学生在愉快中学习，使学生的运动技能在兴趣活动中得到强化，并养成热爱体育运动的良好习惯，培养学生的体育兴趣与运动技能，形成更高层次的兴趣。

在体育课堂教学中，为了激发学生的学习兴趣，体育教师应做好以下几个方面的工作。

(1)教师要确立体育技能是体育兴趣的基础，注意引导和发展学生的技能和兴趣向更高层次发展。

(2)在体育教学中，教师应了解学生的兴趣所在，针对学生的兴趣来安排多种多样的教学活动。

(3)教师要精心设计和组织课堂教学过程，善于激发学生的兴趣，引导其兴趣向正确的方向发展。

(4)在教学过程中，教师应善于抓住时机，强化学生的学习兴趣。

(四)全面发展原则

体育课堂教学的全面发展原则是指通过课堂教学使学生的身心都得到全面的发展。促进学生的全面发展具体包括身体健康、心理健康、运动技能、运动参与以及社会适应几方面的目标。

为了促进学生的全面发展，体育教学管理应重视对学生未来发展的考虑，因此，在教学实践中的科学管理应做到以下几点。

(1)在现代学校体育教学实践中，教师不仅要帮助学生掌握运动技能，发展学生身体素质和体质健康，而且要促进学生的健康心理发展与完善其人格品质，更要重视学生德、美、智素质的培养，提高学生的社会适应能力。

(2)在进行体育教学设计时，教学设计者(包括教师)不仅要考虑让学生掌握好运动技术，还要培养学生心理品质和社会适应能力。比如可以通过设计不同起跑点培养自信心，通过团队合作来培养学生的良好的交际能力。

(3)在选择体育教学内容时，教师要重视挖掘运动项目给学生带来的心理、社会价值，如长跑既可作为提高学生心肺功能的项目，又可以作为锻炼学生意志的手段。

(4)在体育教学评价方面，应从身心发展的多维度去评价教师的教与学生的学的质量，不能单一地从体育运动技能去考评学生成绩和教师的教学效果。

(五)循序渐进原则

循序渐进原则具体是指体育课堂教学要按部就班地来，这是由体育教学的客观规律所决定的。具体来说，教师在组织教学时应注意以下几点。

(1)体育教师在教学中，要根据学生的年龄和性别特征，系统、有序地安排教学内容和教学方法，使学生按照客观规律顺序，在牢固掌握知识、技术、技能的基础上逐步得到提高和发展。

(2)体育教师在选择和安排教学内容时，应充分考虑相应的体育运动项目技能学习的顺序，使其与人的认知规律一致，由易到难、由简到繁地进行教学内容的设计；同时，教师还要重复考虑不同项目之间的关系，使前一个项目的学习要有利于后一个项目的学习，以此推进教学活动有序进行。

(3)在体育课堂教学过程中，针对学生难以掌握的技能，教师教学安排的时间应该相对多一些，待初步形成动作的动力定型后

再进行下一步的教学。

(4)体育教师要有节奏地逐步提高学生生理负荷，生理负荷应采取波浪式的、有节奏的逐步提高，待学生的身体完全适应某一运动负荷后再逐步提高。尤其是后一次课的生理负荷应安排在上一次课后的超量恢复水平上，而且生理负荷总的趋势应是逐步提高的。

(5)体育教师要提高自身素质，特别是运动心理和运动生理等素质，这是非常重要的。教师有了良好的素质，才能深刻地去了解学生身心发展的一般规律和特点，了解各项教材，提高教学质量。

三、学校体育教学过程的管理

(一)教师对备课的管理

1. 体育教师的备课管理

备课是体育教师所必须要做的功课，教师在备课时，要做好以下几项工作。

(1)认真钻研教材

一方面，体育教师要研究教学大纲(课程标准)，根据本学科总的教学目标及各单元、本节课的具体教学目标来领会教学的基本要求，把握教材的体系范围与深度。另一方面，体育教师应研究多项教材的重点与难点，以及其前后的联系，并加以总结。

(2)深入了解学生的具体实际

学校体育课堂教学要想充分促进学生的发展，课堂教学活动就必须切合学生的实际。因而，体育教师要全面了解学生的知识基础、身体健康状况、认知能力、运动能力水平，以及学习态度兴趣需要与个性特征。

(3)选择合适的教学方法

体育教师要根据教材性质、教学任务的要求,以及学生的情况、场地器材条件,设计合理的课堂教学的方法,确定教学活动的类型和结构。

(4)编写教案

教案,即课时计划,它是教师进行课堂教学的直接依据。教师在编写教案时应注意以下几点要求。第一,应根据教学大纲的要求和学校的有关规定编写。体育教师应根据学生的实际情况,如体育基础、体育骨干、伤病情况等备课,同时要考虑到场地、器材的实际情况等,并如实详细记录;第二,编写教案要规范,备课的详略程度应当合理;第三,备课文字精练、准确,教法运用正确。

(5)准备场地器材

场地器材是开展体育教学活动重要的资源,在上体育课前,体育教师应自己或组织学生帮忙准备好场地、器材,这是上好体育课的物质保证。另外,教师还要认真地规划场地和布置器材。

2. 学校对体育教师的备课管理支持

在学校体育教学中,学校应定期与不定期地检查教师的教案,还可以通过听课与教案评比的方式促进体育教师教学水平的提高。另外,在条件允许的情况下还可以组织集体备课,科学、合理、规范、恰当地确定每次集体备课的主题,这样能促进体育教师教学水平的不断提高。

(二)教师对上课过程的管理

1. 体育教师的上课管理

在学校体育教学中,体育教师既是教学者,又是管理者,因此,做好上课管理是提高教学质量的重要基础。体育教师对体育课的管理工作主要包括编班与分组,课堂常规的建立,做好思想政治工作,调动学生积极性,上课时的合理分组,教学方法手段的

运用、调度和运动密度、强度的掌握，场地器材的运用，安全措施的运用，以及教师本人和学生的服装要求等。

2. 课堂互动沟通

在体育课堂教学中，信息沟通、意见沟通、情感沟通是师生实现课堂互动的三种有效沟通形式。

(1)信息沟通

对于师生双方而言，信息沟通有助于相互之间信息的交流和贯通。师生双方沟通和交流的内容主要涉及教学、学习以及其他与体育课堂教学活动有关的信息等。在新课标的影响下，师生之间的信息沟通内容由知识、教材等发展到更为广泛的生活层面。因此，在信息沟通过程中产生在教学内容、体育知识、个性认知、行为观念等方面的差异和冲突时，需要进行及时的信息沟通。在体育课堂教学中，要实现信息的良好沟通，体育教师应做到能够准确理解学生所要传达的信息，这是实现有效沟通的重要前提；对学生评价要前后一致；公平对待每一个学生。

(2)意见沟通

新课标的实施促使了体育教师和学生之间的交往更为频繁，也使得学生在体育课程建设中拥有更多的参与权。然而，体育教师和学生因各自的年龄、个性心理、认知、思想观念等存在不同，往往在合作交流过程中产生意见分歧甚至发生冲突。因此，加强师生之间的意见沟通，体育教师应善于观察学生在运动过程中的心境、情绪状态以及在合作交流过程中的语言、情绪状态等，实现与学生的良好互动和沟通。

(3)情感沟通

体育教师在课堂教学中应保持良好的情绪状态，以营造良好的课堂氛围，带动学生主动互动沟通的积极性。新课标所营造的和谐、平等与互动的育人环境有利于产生积极的正向情感，符合师生双方沟通的意向。在体育课堂教学中，要实现情感的良好沟通，体育教师应与学生建立融洽的师生关系；实现师生之间有效的对话以及达到双向理解；师生双方要具有积极意愿，体育教师应经常进行个人态度调适，以增进师生关系，从而促进体育课堂教学的融洽顺利进行。

3. 学校对体育教师的上课管理支持

上课是教师教学和学生接受知识的最为重要的形式，为了使体育教师顺利地完成上课管理，学校管理者应给予以下几方面的支持。

(1)学校相关部门要对体育课的教学给予与其他文化课程一样的关心与支持，并提出一定的要求。

(2)学校相关部门及领导应积极主动地深入课堂，了解体育教师的教学情况，加强对体育课的检查与督导，同时，应积极组织一定的示范课、公开课、研究课等多种课型，并展开探讨。

(3)学校要尽最大可能为体育课提供必要的条件，帮助体育教师及时解决教学过程中产生的各种问题，为体育教师创造良好的教学环境。

(三)课程结束之后的管理

体育课程需要使用相应的运动器材，因此，在一节体育课结束之后，应对器材、场地等进行相应的整理。例如，清点设备，并将设备放回器材室，带走产生的垃圾等。另外，在体育课程结束之后，还应对本次课程进行总结，并让学生提出相应的意见或建议，以更好地开展体育课。

四、体育教学文件的管理

体育教学文件包括两方面的内容，其一是相应的教学法规、制度，其二则是教学计划、课件等。教学文件对教学活动起到重要的指导作用。因此，对教学文件进行管理是教学活动顺利开展的重要保证。教学文件的管理包括以下几方面的内容。

(一)针对教学实际展开研讨

在体育教学管理中,首先应提出教学文件管理的指导性意见,并组织学习研讨。对学校体育教学文件进行管理的主体是体育机构和体育教研室(组)。

学校体育教学文件管理过程中,在制定具体的教学文件前,体育机构和体育教研室(组)必须按照上级主管部门对本校体育教学活动的有关要求,对体育教学文件的制定方向给予指导性意见,也就是要在体育教学文件当中体现出教学的指导思想、任务、质量和时间等。另外,体育机构和体育教研室(组)还应组织学校的体育教师仔细地分析研究教学计划,尤其应对教学大纲进行仔细的研讨,以便能够结合学生的实际情况和相关教育制度的要求,制定出符合本校实际情况的体育教学文件。

(二)制定教学文件的流程

在学校相关部门和人员进行了仔细的研讨之后,可以对教学文件做好具体的规划。教育机构或教学主管部门需要印制一份统一的教学计划表格,以便使制定过程更加规范,也有助于制定后检查工作的开展。在初步完成教学文件的制定后,学校应组织具体部门集体讨论与审议,协调与调整教学计划中场地器材的安排和各年级教材出现的顺序等。在计划文件制定完成后,学校相关部门还要进行审核和批准程序,确保教学文件具有可行性和科学性后方可实施。

(三)实施与调整教学文件

待体育教学文件审核批准通过后,就可以展开实施步骤了。在实施体育教学文件的过程中,体育教学工作者必须严格规范执行过程,不能随意变动。相关部门要对文件落实情况进行必要的检查。假如发生特殊情况阻碍教学计划的正常实施,可向教研室(组)申述,有关领导应考虑具体情况,及时合理地调整教学文件,以适应教学实际的需要。

(四)对教学文件进行分类整理

分类整理是对学校体育课堂教学文件的后续管理，其具体的操作内容是将各类教学文件进行分类整理，并存档保管，以备日后的查询、参考与研究。

第二节 课外体育活动的管理

一、课外体育活动的特点及管理要求

(一)体育课外活动的特点

1. 多向性

体育课外活动的多向性主要是指教学目的、任务的多向性。不同的学生参加课外活动的目的不同，有些是增进健康、有些是提高技能水平，还有的可能只是通过考试等，这些导致课外活动的目的、具有多向性的特点。通过体育课外活动完成学校体育的任务，达到学校体育的目的，是学校为社会培养全面发展人才的目标之一，对学生来说，这是他们身心发展的客观要求。因此，学校通常通过建立一系列的规章制度，采取相应的措施，使学生积极参加体育课外活动。

2. 灵活性

体育课外活动的灵活性具体是指课外活动组织形式应该是灵活多变的。体育课外活动的性质决定了其形式的灵活性。

学生之间的个体差异性(如年龄、性别、爱好、身体素质、运动

基础等)决定了学校千篇一律的体育活动形式是不切实际的。因此,需要采用灵活多样的运动形式来满足学生的多样需求。

3. 多样性

体育运动项目众多,形式多样,因此,学校体育课外活动内容丰富,具有多样性的特点。

学校在组织体育课外活动时,内容方面要依据学校统一计划安排外,还应充分考虑学生的生理特点和兴趣爱好。课外体育活动丰富多彩,学生可选择适合自身的运动项目进行学习。目前,有很多符合时代潮流的新兴体育运动项目出现(如瑜伽、轮滑、台球、体育舞蹈等),这些运动项目激发了学生的兴趣,值得提倡和推广。

(二)体育课外活动的管理要求

1. 树立科学、正确的管理观念

树立正确的管理观念,明确管理目标是学校组织课外体育活动、实现科学管理的前提,具体来说,需要做好以下两个方面的工作。

首先,要清楚学校课外体育活动是体育教育的重要组成部分,要借由学校课外体育活动追求教育的整体效益。

其次,要清楚学校课外体育活动在整个运动体系中的地位,恰当处理人才与学生体育成绩之间的关系,时刻关注学生的身心健康发展,同时为国家培养优秀运动人才。

2. 建立、健全管理体系

完善体育管理体系是学校课外体育活动管理的重要工作环节,具体来说,推动学校体育课外活动管理体系的完善,保证该体系的正常运转应从以下几个方面入手。

(1)发展初级体育训练,控制适度规模。

(2)采用多种体育组织形式,合理布局体育项目。

(3)大力推动和实施开放式体育活动。

3. 制定相应的管理规范

学校建立健全相应的管理制度和规范,提高课外活动的效果,促进学校课外体育活动的持续开展,需要做好以下工作。

首先,学校在进行课外体育活动管理过程中,应依照既定的、符合本校实际情况的规章制度办事。

其次,学校要仔细研究与分析课外体育活动管理体制、指导思想、活动目标、活动计划。

4. 理顺体育管理关系

现阶段,合理开展学校课外体育活动,需要学校各领导、机构、管理部门以及体育教师的协调配合,一般来说,学校课外体育活动是由教委、体委和学校共同组织的,各部门、机构之间存在着管理上的职责分权和利益冲突。

基于以上原因,学校在实施体育课外活动的管理过程中,必须明确各管理者(部门)的管理职责,完善领导体制,理顺各管理者(部门)的管理关系,建立一个相互配合、协调一致的管理体制和运行机制,以便能够做好学校课外体育活动的组织和领导工作。

二、学校课外体育活动管理的内容

学校课外体育活动是丰富多样的,包括课间操、体育节、节假日体育等。下面就对其管理进行分析。

(一)课间操的管理

在进行课间操等活动的管理时,其管理工作主要包括以下几方面的问题。

(1)对运动器材的管理。在课间操的场地器材的安排上,学

校可运用集体与分散相结合的方法进行管理。

(2)对运动项目的管理。在课间操的项目内容的确定上,学校可运用统一安排和自选相结合的方法进行管理。

(3)对参与运动人员的管理。在课间操的管理上,学校可运用学生干部、班主任、体育教师相配合的方法进行管理。班主任和任课教师应密切进行合作,合理进行组织和管理。还应发挥学生骨干的作用,积极引导学生参与相应的运动。教师还应注重宣传教育工作的开展,使得学生充分认识到这两项活动的重要性,使得学生养成自觉锻炼的习惯。

(4)对运动效果的管理。在课间操的活动效果上,学校可运用平时考勤与抽查评比相结合的方法进行管理。此外,还可借由会操表演、运动会等方式提高课间操的管理质量。

(二)学生个体活动的管理

个人体育活动是指学生个体根据自身的喜好,自觉进行的体育运动项目,并且这些运动项目在课余时间进行。个人体育活动是一项重要的实践活动,是学生体育兴趣形成、发展以及体育锻炼习惯养成的过程。另外,个人体育活动对于教学目标的达成也具有积极的促进作用。

学生开展相应的个人体育活动时,教师应积极进行配合,对其进行指导,对其进行鼓励和引导,使其养成体育锻炼的习惯。教师应启发学生根据个人实际,并结合班级、学校的体育活动计划来做出相应的活动计划安排,明确体育锻炼的时间、频率、目标等方面的问题。

(三)班级体育活动的管理

班级体育活动以班级为单位开展,一般将班级分为若干个小组,在班干部的带领下开展相应的体育活动。对此,班主任和体育教师应对其进行合理的指导和管理,以保证班级体育训练能取得良好的效果。

在学校课外体育活动实践中，由于班级体育锻炼在时间、内容、组织和生理负荷等方面都提出了许多要求，所以，学校在进行班级体育训练的管理时，在训练内容的选择上，可将训练与体育课教学内容结合起来，以"标准"为中心选择具体的项目开展锻炼，也可以将体育活动与学校传统项目和学生感兴趣，且简单易行的非正规项目，以及游戏、校外体育活动等结合起来，以提高学生对班级体育活动的兴趣。

在对学校班级课外体育活动进行管理时，班主任、体育教师应积极进行指导，体育委员要结合班级学生的意见和建议来制定相应的运动计划，对活动的时间、形式、分组等方面进行计划，在班长和体育委员的组织下实施相应的计划。

（四）年级体育活动的管理

年级体育活动的规模相对较大，参与人数较多，在开展相应的体育活动时，通常由教师、年级主任协同完成。在开展相应的年级活动时，应结合本年级学生的特点以及课时教学计划来制定和实施相应的运动计划。年级体育活动还应与全校性质的体育活动相协调，共同促进学生健康的发展。

（五）体育俱乐部活动的管理

校园内的体育俱乐部活动是最近几年非常流行的体育课外活动组织形式，学生根据自己的体育特长、兴趣爱好自愿加入组织。体育俱乐部有组织有管理，有专人指导，有经费支持，具有一定的导向性，活动效果好，深受学生欢迎。目前，我国学校体育俱乐部的形式主要分单项俱乐部和综合俱乐部两类。

学校体育俱乐部通常是学校根据自己的场地设备、师资力量、体育传统优势等因素筹建的。学校体育俱乐部活动的管理应由专人负责，根据学校体育工作的总体规划和课外体育活动计划确立活动目标、运营方式、人员安排等。同时，体育俱乐部应做好经费筹措、场地器材设备的合理配置等工作。

(六)校园体育活动的管理

校园体育活动主要包括学校结合本校的实际情况所具备的“体育节”的相关体育活动，常见的体育节有体育专题报告、体育讲座、体育知识竞赛、体育表演、运动会、体育游戏等。它主要包括校园“体育周”和校园“体育日”(健康日)两种形式。

校园“体育周”是指集中利用一周时间，对学生进行课余体育训练，或组织各种宣传教育、锻炼、运动会等活动。针对校园“体育节”的管理，学校应将“体育节”活动列入学校整体体育工作计划，并成立临时性指挥机构对“体育节”期间的体育活动进行组织与管理，在管理过程中，要注意取得各有关方面的支持与配合，并作好充分的准备工作。体育周结束后，学校相关部门应注意做好后续管理工作。

校园“体育日”通常会与有意义的节日或体育形式(重大的国际、国内的体育活动)相结合，一般会占用一天或半天的时间，体育日期间学校可组织进行专题性的体育主题活动，开展体育教育和锻炼。在管理过程中，既可以组织全校性的活动，也可根据年级、班组组织体育活动。

三、学校课外体育活动意外事故的管理

学校体育活动意外伤害事故是指在学校课外体育教育教学活动开展的过程中所发生的学生人身伤害或者死亡事故。学校体育课外活动中意外事故的管理具体应做好意外伤害事故的预防以及意外伤害事故的处理两方面的工作。

学校应加强运动医学方面知识的教育，使得学生在开展相应的体育运动时能够应对突发情况。在开展班级活动时，如登山、郊游等，应将安全放在首位，加强相应的安全教育，班长和体育委员应切实负责，确保全班学生的安全。如发生意外事故，应准确判断，及时进行抢救的同时，还应注意拨打求救电话。

第三节　课余体育训练与竞赛的管理

一、课余体育运动训练管理

(一)课余体育运动训练管理的内容

学校课余体育活动的内容主要包括班级体育运动训练、专业运动项目训练两个方面,下面就对这两个方面的管理进行详细分析和研究。

1. 对班级体育训练的管理

一般来说,学校的班级体育锻炼实行的形式是以班为单位分成若干小组,这些小组在班干部和锻炼小组长带领下开展具体的体育训练活动,因此,这就要求班主任和体育教师要合理指导并管理班级体育训练,从而使班级体育训练取得良好的效果得到有力的保证。

由于班级体育锻炼在时间、内容、组织和生理负荷等方面都提出了许多要求,所以,学校在进行班级体育训练的管理时,在训练内容的选择上,可将训练与体育课教学内容结合起来,以“标准”为中心选择具体的项目开展锻炼,除此之外,也可以将体育训练与学校传统项目和学生感兴趣且简单易行的非正规项目,以及游戏、校外体育活动等结合起来,从而使学生对班级体育训练的兴趣得到有效的提高。

2. 对运动队训练的管理

有很多的学校进行体育培训的主要目的是培养体育运动人才,因此对于运动队的训练管理来说,运动队的训练也是体育运动训练管理的重要组成部分。运动队训练系统如图 8-1 所示。这里需要强调的是，运动队训练管理有其特定的任务、内容以及注意事项。

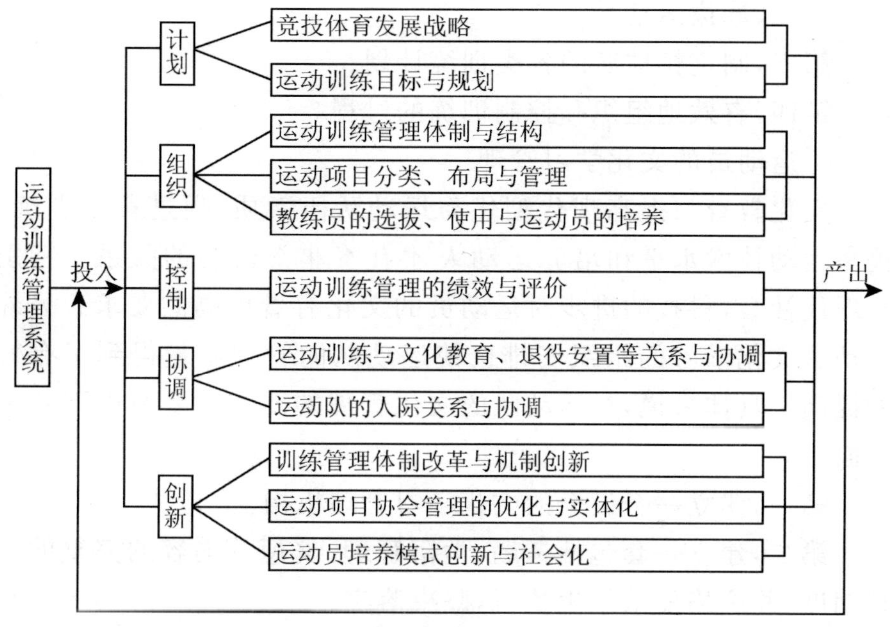

图 8-1

(1)运动队训练管理的基本任务

在很多的学校，尤其是将培养体育运动人才作为主要目的的学校，运动训练是培养运动人才的非常重要的环节。运动员的训练管理是统一在某个主管领导部门下开展工作的。通常情况下，在学校中运动队的训练是由专门的体育运动训练教练或专门的训练部门负责管理的。训练管理的任务主要表现为：运动员起始状态的诊断、训练目标的建立、训练计划的制定、训练活动的实施、训练过程中的检查评定以及目标的管理等环节。

(2)运动队训练管理的主要内容

运动训练的业务管理、运动员的文化学习管理等，都是训练管理的主要内容。

①运动训练的业务管理

对运动训练过程进行专项技能形式的过程管理，就是所谓的运动训练的业务管理,具体来说,其管理的步骤主要包括以下几个方面。

第一,规划目标及建立模型。

第二,选拔运动员。

第三,制定排球队的各类训练计划。

第四,有效地组织和控制训练的过程。

②运动员的文化学习管理

文化教育与提高现代型优秀运动队伍素质、促进科学训练、提高运动技术水平和培养运动人才有着非常密切的关系。特别是现代社会,科技的进步对运动员的文化有着更高的要求。另外运动队文化学习的组织安排也使运动队的管理质量得到了有效的提高。具体来说,对运动队的文化管理的要求主要有以下几个方面。

第一,建立一个健全的文化学习管理机构。

第二,建立一套包括考勤、学籍管理、奖惩等内容的完整的管理制度,并严格要求学生执行,坚决落实。

第三,采取灵活多样的方式,对学习时间进行科学的安排,并将其落实好。

(3)运动队训练管理的注意事项

由于运动训练过程是一个多因素、多层次、有序的动态过程,执行训练计划和实现训练目标,主要靠运动员自身的实践活动来完成。因此,这就要求在运动队的训练管理中,对以下几个方面引起重视。

①教练要尽可能地将运动员的主观能动性调动起来。

②要让运动员对教练员设计的训练计划中的每一环节的作用和意义有充分的了解和认识。

③在管理的过程中,要善于听取运动员的不同意见,根据不同意见来使管理程序进一步完善,从而使他们自觉地、积极地执行训练计划,加快他们成才的进程。

④教练员还善于创造训练气氛和环境,严格要求、严格训练。

(二)课余体育运动训练的管理实施

体育运动训练管理的实施涉及的内容比较多,其中,最主要的有组建运动队、确定训练内容、运用训练方法、进行训练效果的评价以及制定训练计划等几个方面,下面就对这几个方面的管理实施进行详细分析和研究。

1. 组建运动队

在组建运动队时,不仅需要确定好训练项目,选拔参训运动员、选择指导教师,还要制定好相应的规章制度。可以说,这是组建运动队的几个重要步骤,具体如下。

(1)确定训练项目

组建运动队首先要确定训练项目,不然后续工作无法开展,从学校的体育活动基础、师资力量、场地器材等实际情况出发是确定训练项目要考虑的最重要的问题。

(2)选拔运动员

学校课余体育训练的主要任务是为国家和社会培养优秀的后备体育人才。因此选拔优秀的体育人才是一项非常重要的工作。目前,我国在选拔体育人才时常用的测试指标主要有身体形态指标、生理机能指标、身体素质指标等。

身体形态指标:主要是指身高、体重、体围、跟腱、足弓及臀部等身体各部分的情况,要以不同运动项目对运动员这些身体形态的要求为根据,同时,运动员在形态方面发育潜力的大小也是需要考虑的重要方面。

生理机能指标:主要是指心率、肺活量、最大吸氧量等指标。不同的运动项目对运动员的生理机能的要求也是有所不同的,因此,这就要求在进行选拔时,要以训练项目的特点为主要依据来对项目所需要的生理机能指标进行测试。

身体素质指标:主要包括速度、力量、耐力、柔韧和平衡能力、灵敏等。通常情况下,不同的运动项目对学生的身体素质有着不同的要求，因此，在选拔学生时要以参加训练项目的特点为根据，对训练项目所需的专项运动能力的身体素质指标进行测试。

作为一项复杂的工作，除了上述因素之外，在进行运动员选拔时还要对运动员的遗传、年龄、运动素质发展的敏感期因素；心理素质、家庭社会在过去和未来对学生的影响因素以及学生的思想品质表现等方面进行综合考虑。

(3)选择指导教师

在体育运动训练中，选择指导教师是非常重要的一部分，合适的指导教师不仅能使运动队的训练效率提高，对于训练目标的实现也是有帮助的。在很多学校里，指导教师或教练员都是由本校的教师担任，其他有体育专长的老师也在选择之列。条件允许，学校也可以聘请业余体校的教练或体育俱乐部的教练来作为指导教师。

(4)规章制度的建立

要进行系统完整的体育运动训练，就必须要有比较完备的规章制度，学校体育训练工作要顺利开展，并想要取得预定的效果，也需要有一定的规章制度做保障。学校组建运动队时，一定要对规章制度的建立引起高度的重视，这样对于学校体育训练以及运动队管理力度的加强是较为有利的。通常情况下，需要建立的规章制度有很多，比较重要的有训练制度、奖惩制度、比赛制度、教练员责任制度和学习检查制度等。

训练制度：对每周、每次的训练时间和要求都进行明确的规定，建立严格的训练作息制度。

比赛制度：主要包括对遵守纪律、团结一致、顽强拼搏、服从裁判、尊重观众、赛出风格赛出水平等方面的具体要求。

学习检查制度：给每个参训学生建立训练档案（包括运动员档案卡和运动员登记表），并做好运动队的工作日记，同时对学生的情绪变化和学习情况进行及时的观察，使参训学生始终保持良好的状态。

教练员责任制：该制度的建立能使教练员具有高度的责任感，要求教师对学生的训练、学习、生活、思想等方面全面负责，使

训练工作的正常进行得到保证。

奖惩制度：以学生的学习情况为依据而有针对性地采取一些应对措施。

2. 制定训练计划

训练计划在体育运动训练中具有重要的作用和意义，主要表现为是学校体育训练顺利进行和训练效果得到提高的重要保证。制定计划要以学校教育情况、学生的情况、运动项目特点为主要依据，保证其科学性。通常情况下，可以将训练计划分为以下几种。

(1)年度训练计划

年度训练计划是以学校学年教学周期为依据而安排的训练计划，其内容主要包括以下几个方面：第一，上一年度训练情况和本年度的训练目标；第二，学生身体素质、技术、战术训练及运动成绩所要达到的指标和心理训练的要求；第三，全年训练阶段的划分；第四，比赛的时间安排；第五，检查评定训练效果的时间与方法等。学校体育训练属于基础训练，因此，这就要求在训练周期的划分上要以具体训练目标和学生实际为依据，同时要保证训练计划的可行性。

(2)阶段训练计划

阶段训练计划是根据年度训练计划中所规定的各阶段的任务、内容、要求和训练次数等而制定的计划。与年度训练计划相比，阶段训练计划的内容更为具体。阶段训练计划可以分为基础训练阶段计划、准备比赛阶段计划、比赛阶段计划、恢复阶段计划和临时性短期集训计划等不同类型。一般来说，学校课余体育训练的阶段以 3 个月为一个阶段。制定阶段训练计划时，应重点考虑学生的具体情况，同时认真分析阶段训练的时间、负荷以及阶段训练重点。

(3)周训练计划

周训练计划的安排要以阶段训练计划为依据，一般来说，其主要包括训练目标与要求、训练次数与时间、每次训练课的内容和负荷、测验和比赛等几个方面的内容。

(4)课时训练计划

学校体育训练中，课时训练计划是最基础的训练计划，其是对一次训练课所做的具体安排。制定课时训练计划，必须对周训练计划以及包括学生身心状态、具体训练要求、气候等在内的体育训练等实际情况进行充分的考虑。学校体育训练的课时计划主要有教案与卡片两种形式。

3. 合理安排训练内容

运动训练的内容主要包括身体训练、技术训练、战术训练、心理训练和品德与作风训练等几个方面。其中，身体训练和技术训练是运动训练的基础，因此，要对这两个方面的训练引起高度的重视。

(1)身体训练

掌握运动技术，创造优异成绩的重要基础就是良好的身体素质。体育运动训练主要是通过运用各种手段与方法来达到使学生的身体健康有所增进，使学生体质有所改善，发展学生全面的身体素质和运动能力的目的。通常情况下，可以将身体训练分为两种类型，一种是一般身体训练，一种是专项身体训练。这些对身体各方面素质的提高都有很重要的作用。

由于学生训练的水平有所差异，因此，这就要求分别对待，初学者或者运动水平不高的要以一般训练为主，水平较高或参加了多年系统训练的学生，则以专项身体训练为主。另外，还需要强调的是，学校体育运动训练不仅要有针对性地提高不同学生相应的身体素质，同时还要保证学生身体各器官系统功能和综合素质提高的整体性。

(2)技术训练

学习、掌握和提高运动技术的训练过程，就是所谓的技术训练。技术能够将运动员身体能力充分发挥出来，是发挥战术作用

的基础，只有掌握娴熟的技术，才能够创造优异的成绩。在学校体育训练中，技术训练主要包括两个方面，即基本技术训练和高难技术训练。其中，基本技术是掌握高难技术的基础，因而在训练中不能忽视。高难技术是专项运动技术中难度较大、比较复杂和要求较高的一些动作。

(3)战术训练

对如何根据比赛对手的水平和外部情况，正确地分配力量，充分发挥自己的特点，限制对方特长，争取比赛胜利进行训练的过程，就是所谓的战术训练。战术训练的基础是一定的身体训练和技术训练。一般来说，可以将战术训练分为两个方面，即一般战术训练和专项战术训练。在学校体育训练中，战术训练以一般战术训练为主。战术训练以意识的培养为重点，因此，要指导学生对运动项目的基本规则和战术的基本内容熟悉并熟练掌握，为学生了解技术和战术变化的基本规律提供一定的帮助，使学生熟悉战术的变化，从而进一步提高其战术的运用能力。

(4)心理训练

有意识地对学生的心理过程和个性特征施加影响，使他们学会在训练和比赛中调节自己心理状态的一种训练，就是所谓的心理训练。由于现代竞技水平的提高，运动中的心理压力也越来越大，比赛的胜负也在一定程度上取决于心理素质。因此，这就要求一定要对学生的心理调控能力进行培养，提高其对复杂比赛环境的适应性，从而获得优异的成绩。

(5)品德与作风训练

品德与作风训练是体育训练的重要内容。品德与作风能够充分体现出一个人的综合素质，体育训练的一个重要目标就是将学生培养塑造成一个全面的完整的人，这与品德与作风的训练有着非常密切的联系。在体育训练过程中，进行品德与作风训练可以加强爱国主义和集体主义教育，培养学生勤学苦练、克服困难、勇敢、顽强、坚毅的意志品质和顽强拼搏、团结协作的精神，塑造尊重同伴和对手、胜不骄败不馁、赛出风格赛出水平的体育道德风尚。

4. 合理运用训练方法

在学校体育运动训练中，训练方法运用得正确与否，往往会在很大程度上影响到训练的效果。采用正确的训练方法是获得理想训练效果的重要保证。学校体育运动训练中最常用的训练方法主要有以下几种。

(1)竞赛训练法

竞赛训练法是在比赛条件和要求下进行的运动训练，它对于学生心理素质以及运动技能运用水平的提高均具有重要的意义。在运用竞赛训练法时，应注意以下几方面问题。

其一，竞赛训练要以专项训练的需要为根据，在竞赛内容和形式的选择上做到与学生特点相结合，并注意防止竞赛负荷过大。

其二，竞赛训练法不宜在运动技能尚未形成之前和疲劳时使用，从而使对刚刚形成而尚未巩固的动作技术产生影响的现象得到有效避免。

(2)重复训练法

重复训练法是一种常用的训练方法，其主要是指，在训练时，在固定的条件下，按照相应的要求反复练习某一动作。通过重复训练法进行训练能够促进机体各器官系统的功能水平的发展，有利于建立并巩固动作技术定型，在提高学生的身体素质、心理品质以及运动能力等方面都具有重要的作用。

在体育训练中运用重复训练法有两个方面需要注意：一方面，要对运动负荷进行合理的安排，练习的数量和负荷强度方面不能要求过高，从而使训练的准确性和实效性得到保证；另一方面，要科学地运用训练方法，就是指不仅要与项目特点结合起来运动，同时还要与其他方法结合使用，以保证训练效果。

(3)反馈训练法

反馈训练法是指运动者为了了解与掌握动作模式与实际练

习的目标差，并不断获取反馈信息，通过自我诊断和自我矫正，改进和提高动作技术、技能的方法。

反馈训练法的目的是在练习实践中及时预防、发现和纠正错误动作。运动者在练习实践中，应针对自己产生错误的原因进行分析、并选择有效的手段和措施及时进行纠正，以免形成错误的动作技术定型而影响对正确动作技术的掌握。此外，通过反馈信息的及时获得还能避免运动者在训练实践中因细微的错误而导致的伤害事故的发生。

(4)变换训练法

变换训练法也是一种重要的训练方法，其是提高运动者运动适应能力的重要方法。在训练时，通过训练条件的变化，使其适应不同训练条件。变换训练法通常的变化因素包括环境、速度、重量、时间等方面。

通过变换训练法的运用，能够使学生在训练中得到新鲜的运动感觉，运用变换训练法时有两个方面需要注意：一方面，要将训练的目的与任务明确下来，具体来说，就是指巩固和提高学生的运动技术和技能，进一步发展其身体素质时变换各种条件；另一方面，对错误动作进行及时纠正。训练方法的变换，容易导致错误动作的出现，要及时发现这些偏差，并予以纠正。

5. 对训练效果进行评价

在运动训练时，需要对运动训练的效果进行相应的评价，这样才能够使得运动训练更加科学。通过运动训练，能够对运动训练方法手段、运动负荷等方面进行了解，从而对运动训练进行相应的调整。不仅要对其效果进行评价，还要对其过程进行检测。

一般来说，训练效果的评价主要从技战术训练水平、身体素质水平、运动成绩和运动员输送率的评价方面得到体现。具体来说，身体训练水平评价是对身体生长发育情况的衡量，其主要包括对身体形态、生理功能和身体素质等方面的评价；技战术训练水平评价则是对学生的训练效果的衡量；运动成绩的评价要求尽量做到客观、公正;运动员输送率的评价对于管理者充分了解课余体育训练的效果是有一定帮助的。

二、运动竞赛管理

(一)学校运动会活动的计划管理

学校运动会的计划安排,都要严格遵循学生运动会管理的通行原则,其中制定年度运动会的日程计划是最主要的。通常情况下,校内每个学年或学期运动会日程计划的内容都基本上包括运动会项目、种类、时间、地点、参赛单位、参加人数和主办单位等几个方面的内容。制定计划需要对以下几个方面引起注意。

(1)以学校具体情况为依据来对群体活动项目进行安排,其中,要对传统项目和重点项目进行优先安排,同时也要适当增添一些喜闻乐见能够提高运动兴趣的活动,从而将学生的兴趣有效地调动起来。另外还要对教学和开展学校群体体育活动的可执行性,以及提高学生运动技术水平的需要兼顾到。

(2)运动会计划要进行全年统筹安排,对本校的教育计划、季节特点、节假日和项目多少等进行综合考虑。需要注意的是,在安排时要有侧重点,使各运动会项目比较平均地分布在两个学期中。另外,要保证春秋两季的全校性运动会或者一些特定的大型竞赛的时间固定,从而形成具有学校特色的传统运动活动。

(3)运动会计划中各项运动会活动的排列顺序,通常以日期先后为准,并尽量按项目分类。一般以表格形式列示,如果需要,也可以附加项目和月份的运动会工作进度表。

(二)学校运动会活动的过程管理

学校运动会和其他的运动会的管理有着一定的相同之处,即管理的过程,具体来说,主要包括三个阶段,即运动会前准备工作的管理、运动会期间的管理和赛后工作管理,具体如下。

1. 运动会前准备工作的管理

运动会前的管理工作通常是由组委会负责的，如果没有成立组委会，那么就由运动会筹备委员会(或筹备小组)负责。运动会前管理工作主要包括研究确定组织方案、组建组织机构、拟定具体工作计划和行为准则、制定运动会规程、编制运动会秩序册等。下面主要介绍制定运动会规程和编制运动会秩序册。

(1)制定运动会规程

运动会规程是组织实施学生运动会的主要规章制度，对运动会的管理具有指导作用，所有参与者都必须要遵循这些制度。通常来说，以运动会的性质为主要依据，可以将运动会分为两种形式，一种是单项运动会，其需要制定单项运动会规程；另一种是综合运动会，其需要同时制定运动会规程总则(即总规程)和单项运动会规程。

运动会规程包括的内容主要有运动会名称、运动会时间和地点、运动会项目及组别、参加单位、学生资格、参赛办法、运动会比赛办法、仲裁委员会的组成以及有关经费的规定。在制定运动会规程时，有以下几个方面需要注意。

其一，运动会规程的制定要在运动会的目的任务和运动会计划的基础上建立。

其二，运动会规程要与国家政策方针相符，同时还要与国家及国际的有关规定相协调。

其三，运动会规程的内容要求公平、公正、公开。

其四，运动会规程应提前制发。运动会规程下发的时间应视情况而定，一般运动会的规模越大，执法时间越提前，这样对于各部门和学生有充分的时间进行准备是有帮助的。

(2)编制运动会秩序册

运动会秩序册是把运动会组织的程序和具体运动会秩序以文字的形式体现出来。具体来说，秩序册是由运动会的管理竞赛部门负责编制，组委会审定颁发的。这里需要强调的是，各种类型的运动会的秩序册都必须要在运动前下发。

运动会秩序册包括的内容主要有:运动会名称、时间、地点,运动会的主办与承办单位,运动会的组织机构图,运动会规程和补充规定,大会各部门、处、室人员名单,各项目运动会委员会、仲裁委员会成员和裁判员名单,各代表团名单,运动会总日程表和各项目运动会日程,分组名单,竞赛裁判员名单,运动会场地示意图等。

2. 运动会期间的管理

体育竞赛无论是国家组织的,还是基层组织的,都是一项综合的复杂的工作。赛会过程中任何环节出现问题,都要得到及时处理,不然将会直接影响赛会的顺利进行。所以在竞赛过程中,组织管理者要从全局出发,及时协调各个机构和部门的工作,确保各环节的顺利进行。赛场是竞赛的舞台,是展示体育内涵、风范的场所。赛会井然有序、积极向上的开展是发展体育精神和体育道德的前提。这就要求在竞赛过程中相关责任部门通过相关手段,预见问题、发现问题并及时解决问题。裁判员的公正执法、运动员体育道德的监督和工作人员热情周到的服务与指导,是促进比赛顺利进行的重要因素。对竞赛临场出现的技术问题、违规问题和安全保障问题要给予及时的处理。因此,组织管理者在此环节应该积极监督,加强竞赛的临场管理。竞赛的评价途径主要依据竞赛成绩,这就要求在竞赛过程中相关部门应该及时、准确地记录好竞赛的成绩,同时也要准确地进行统计,这样既有助于各个项目成绩的临场公布,又有助于下一阶段成绩册的编排和印制。每一项比赛结束后,应及时地公布成绩及名次,这样既能使成绩发布井井有条,又可以体现出公平公正,更重要的是能使参赛队伍和观众及时了解比赛结果,也有助于宣传部门的研究和报道。

运动会中管理工作的开始以开幕式为准,结束以闭幕式为准。具体来说,其涉及的管理内容主要包括开幕式、比赛活动、人

员等，具体如下。

(1)开幕式的管理

运动会的开幕式是按照一定的程序进行的，具体来说，其遵循的程序主要包括：宣布开幕式开始，裁判员、学生入场，升旗，领导人致开幕词，学生代表讲话(或宣誓)，裁判员、学生退场，开幕式表演。在开幕式表演结束后，各项目比赛正式开始。

对于学校运动会来说，组建开幕式临时指挥系统是非常重要且必要的，因为它是学校运动会的开幕式顺利、精彩进行的重要保证。很多的全国性大型综合性学生运动会的开幕式现场临时指挥机构通常是由活动部门指挥，组委会及其他部门临时选派有关人员配合组成的。对于小型运动会来说，由于其规模小人数少，开幕式的组织工作就没有那么复杂了，可由组委会任命3～5人，分工合作，组成临时指挥小组具体负责。负责的具体内容与大型运动会的分工和办法基本相同，可以参照进行。

(2)人员管理

运动会期间的人员管理，主要包括对裁判员、运动队(员)及观众的管理。

首先，裁判员水平的高低会直接影响到运动会的顺利进行，这就对裁判员的水平提出了较高的要求，要求其不仅要具有高尚的职业道德教育，做到公平、公正、公开，同时还要求其杜绝不良裁判作风。

其次，要求参赛运动队(员)尽量采取分级管理办法，提出统一要求和具体规定，并做好参赛队伍之间的协调工作，对各队之间出现的问题进行及时的处理，从而达到让参赛的运动员都能保持良好的状态进行公平的比赛的最终目的。

再次，作为一个重要的参与者，观众也会在一定程度上影响到比赛的顺利进行，比如当比赛激烈时，组委会对观众的管理不当很可能会造成运动会无法进行。因此，针对以上人员的管理，组委会要制定相关的管理计划方案和措施，寻求防患于未然的系统的预防治理方法，以保证比赛的顺利进行和圆满结束。

(3)风险管理

在特定的期间内,某种损失发生的可能性即为风险。体育竞赛风险可以理解为,在参加体育竞赛的过程中由于各种难以预测和控制的因素影响,导致体育竞赛的组织者主观期望目标与客观实际结果之间存在差异和变动,最终导致竞赛受到损失的种种风险。风险管理时应注意以下几方面内容。

一是在开展运动竞赛时,适当控制存在风险的要素,使得风险发生的概率降低。

二是在进行相应的竞赛时,风险发生的过程中,应及时有效地抑制事件的扩大,从而尽可能将损害程度降到最低。

三是在风险发生之后,应对风险损失进行有效的补偿,在最短的时间内排除对正常运动比赛的干扰,减少间接的损失。

3. 赛后工作管理

运动会闭幕后的管理工作主要包括以下几个方面。

(1)进行颁奖工作

依据对赛会成绩的汇总、参赛队伍参赛过程中的总体表现,评选出优胜队伍和精神道德表现突出的参赛队伍进行统一奖励。在闭幕式时颁发奖状、奖杯。

(2)印发本次竞赛成绩册

竞赛相关组织管理机构通过对成绩统计的审核,在确认准确无误的情况下,及时编排、制定成册并发放给参赛队伍。不同项目的成绩册的制定方法略有差异,可依据竞赛项目稍作改动。

(3)各部门和组委会进行总结

在竞赛结束后,执行委员会应及时对大会的开展情况进行书面总结,上交组委会并由组委会领导在闭幕式上进行总结发言。同时,各个组织管理部门也应该对竞赛组织管理工作进行总结,形成书面材料并在指定期限内上交组委会,便于主办方和组委会通过各方总结,发扬优点、找出不足和搜集建议,从而有利于以后体育竞赛更好地举办。

参考文献

[1]李启迪,邵伟德.体育教学基本理论研究[M].北京:北京师范大学出版社,2014.

[2]蔡先锋.现代体育教学与科学化管理[M].北京:中国书籍出版社,2014.

[3]张亚平.学校体育教学与管理[M].北京:中国书籍出版社,2014.

[4]刘昕.现代国外教学思想与我国体育教学[M].北京:教育科学出版社,2011.

[5]邹继美.新时期优化高校体育教学管理发展研究[J].经营管理者,2014(12).

[6]吴胜涛.体育教学理念创新与课程改革思考[M].北京:光明日报出版社,2014.

[7]安丽娜等.现代体育教学管理研究[M].北京:中国时代经济出版社,2013.

[8]蒋新国.体育教学原则新论[M].广州:暨南大学出版社,2010.

[9]王崇喜.体育课程与教学改革研究[M].郑州:河南大学出版社,2014.

[10]张汉辉.体育教学目标问题的分析与探究[J].教育,2015(3).

[11]毛振明,于素梅.体育教学内容选编技巧与案例[M].北京:北京师范大学出版社,2009.

[12]佟晓东，刘铁.体育教学设计与实践[M].沈阳：东北大学出版社，2009.

[13]杜俊娟.体育教学设计[M].北京：北京体育大学出版社，2007.

[14]龚正伟.体育教学新论[M].长沙：湖南师范大学出版社，2012.

[15]舒盛芳，高学民.体育教学设计[M].上海：复旦大学出版社，2013.

[16]史兵.体育教学论[M].西安：陕西师范大学出版社，2006.

[17]龚正伟.体育教学论[M].北京：北京体育大学出版社，2004.

[18]毛振明.体育教学论（第2版）[M].北京：高等教育出版社，2011.

[19]赵光学.体育教学理论与发展探究[M].长春：吉林大学出版社，2013.

[20]方诚.新课改背景下体育教学创新研究[J].成才之路，2016(7).

[21]李春华.创新教育理念下的体育教学方法理论与实践[J].科教导刊，2015(2).

[22]张竹.论高职体育教学中教学方法创新机制及途径[J].当代体育科技，2015(15).

[23]肖林鹏.体育管理学[M].北京：北京师范大学出版社，2011.

[24]陈雁飞.新中国体育教师队伍建设与发展之路[M].北京：北京体育大学出版社，2009.

[25]后磊.高校内部教学资源共享对策研究——基于DEA评价模型[D].武汉理工大学，2013.